BIRGIT FAZIS

Bayerisch vegetarisch

Über 50 weiß-blaue Schmankerl

Ulmer

Diese Schmankerl stecken im Buch

Herzlich willkommen!

Ich freue mich, dass Sie dieses Buch in den Händen halten und sich mit mir auf einen kulinarischen Streifzug durch Bayern begeben.

Bayerisch und vegetarisch sind zwei Wörter, die selten in einem Satz genannt werden, oder? Anders als man glaubt, gibt es in der bayerischen Küche aber eine Vielzahl traditioneller vegetarischer Köstlichkeiten. In diesem Buch habe ich meine liebsten bayerisch vegetarischen Rezepte in vier Kapiteln gesammelt. Vom knusprigen Biergartenbrot über ofenfrischen Radieschen-Flammkuchen bis zum Bienenstich im Glas finden Sie auf den nächsten Seiten über 50 weiß-blaue Schmankerl, die allesamt einfach nachzukochen sind, dabei ohne exotische Zutaten, Gewürze oder Ersatzprodukte auskommen und richtig gut schmecken.

Kleine Tischkärtchen-Bastelei

Dass Sie heute dieses Buch in Ihren Händen halten, ist für mich immer noch ein kleines Wunder, denn zum Kochen und Schreiben bin ich erst über einige Umwege gelangt. Dass mein Food Blog www.emmabee.de, einst als reiner Zeitvertreib gedacht, irgendwann mein ganzes Leben auf den Kopf stellen würde, daran hatte ich wohl vor über sechs Jahren nicht geglaubt. Eine treue und stetig wachsende Leserschaft und meine große Freude an dieser neuen Aufgabe sorgten schon bald dafür, dass mein berufliches Leben in neue Bahnen gelenkt wurde. Heute bin ich stolz auf meinen Mut, mein Hobby zum Beruf gemacht zu haben, denn ich darf nun tagtäglich das tun, wofür mein Herz so leidenschaftlich schlägt: kochen, schreiben und dieses Glück mit vielen anderen genussbegeisterten Menschen teilen.

Bei meiner Art zu kochen lege ich großen Wert auf kompromisslos leckeren Geschmack und einfache, authentische Rezepte. Weil ich als Mutter von drei Kindern meist keine Zeit habe, um stundenlang in der Küche zu stehen, sind mir unkomplizierte Gerichte mit einem Maximum an Geschmack und gleichzeitig minimalem Aufwand die liebsten. Essen muss glücklich, zufrieden und angenehm satt machen, deswegen interpretiere ich beliebte Klassiker gerne neu.

Mein Schlemmerparadies:
der Wochenmarkt

Beim Bummel über den Wochenmarkt lasse ich mich zu frischen, modernen Rezepten inspirieren und freue mich über Gerichte, die jedem schmecken, egal ob man sie mit der Familie am hübsch gedeckten Tisch oder umringt von Freunden im Biergarten verspeist.

Unser Zuhause am bayerischen Ammersee gibt uns die Möglichkeit aus einem großzügigen saisonalen und regionalen Angebot an frischen Zutaten schöpfen zu können. Dies ist die Basis meiner persönlichen Ernährungsphilosophie.

Ganz egal ob Sie sich dauerhaft fleischlos ernähren oder nur tageweise vegetarisch kochen möchten, das Angebot an frischem Obst, Gemüse und Salaten war wohl noch nie besser als heute. Die Zeiten, in denen Gemüse meist nur eine schmückende Beilage war, sind glücklicherweise schon lange vorbei. Die vegetarische Küche ist heute so modern und unkompliziert wie niemals zuvor.

Die bayerische Küche liegt mir sehr, weil sie eine ehrliche, bodenständige und in den Ursprüngen bäuerliche Küche ist. Viele klassische Gerichte sind wandlungsfähig, die traditionelle Brotzeitkultur verfügt über eine Unmenge an vegetarischen Speisen, und es gibt wohl kaum jemanden, der keinen Gefallen an bayerischen Mehlspeisen wie Rohrnudeln, Zwetschgendatschi und Apfelstrudel findet.

Ich möchte Sie nun einladen, es sich mit diesem Buch an Ihrem Lieblingsplatz gemütlich zu machen und sich inspirieren zu lassen von so manch Altbekanntem und Vertrauten und vor allem auch von den Rezepten, die neu und ungewöhnlich klingen. Ich hoffe, Sie finden auf den nächsten Seiten jede Menge Inspiration, viele neue Ideen und vor allem die ganz große Lust zum Kochen.

Viel Freude beim Genießen wünscht Ihnen Ihre
Birgit Fazis

Noch ein paar Tipps bevor es losgeht:

- Wenn Sie die Möglichkeit haben auf einem Wochen- oder Bauernmarkt einzukaufen, sollten Sie dies so oft wie möglich tun. Hier finden Sie in der Regel gute Produkte, die frisch, saisonal und regional sind.

- Die angegebene Zubereitungszeit ist ein Durchschnittswert und soll Ihnen vor allem bei der Planung helfen.

- Backöfen sind oft sehr unterschiedlich, nehmen Sie die angegebene Backzeit deswegen immer nur als Richtwert. Behalten Sie das Gericht immer im Auge und verkürzen oder verlängern Sie die Backzeit gegebenenfalls.

- Bei vielen Rezepten finden Sie einen Tipp-Kasten mit zusätzlichen Hinweisen zu Zubereitung, Variations- oder Serviermöglichkeiten.

- Die meisten Rezepte erlauben kleine Shortcuts für Eilige: Beispielsweise lässt sich der Flammkuchenteig durch ein Fertigprodukt aus dem Kühlregal ersetzen, anstatt einem würzigen Schmanddip können Sie getrost auch mal einen gekauften Kräuterquark servieren, und im Ratatouille-Auflauf dürfen auch hin und wieder Mini-Knödel aus dem Supermarkt schwimmen. Passen Sie die Gerichte ganz einfach und unkompliziert Ihren Bedürfnissen an.

- Und zum Schluss: Seien Sie kreativ! Tauschen Sie beim Kochen Zutaten, die Ihnen oder Ihrer Familie nicht schmecken, einfach aus. Lassen Sie sich inspirieren und wenn Sie die Lust und den Mut haben, dann kombinieren, ändern oder interpretieren Sie ganz nach Ihrem Geschmack!

Brotzeit und Salate

Eine deftige Brotzeit ist nicht nur lecker, sondern auch ein großer Bestandteil der bayerischen Esskultur. Klassiker wie Obazda, Brezensalat und Kartoffelkäs kommen auch gut ohne Fleisch aus, werden gerne daheim oder unter freiem Himmel geteilt, und vermitteln auf wunderbar unkomplizierte Weise, wie sich bayerisches Lebensgefühl anfühlt.

Laugenherzen

Über die Entstehung des Laugengebäcks gibt es zahlreiche Geschichten und Legenden. Welche davon nun wahr ist, wird wohl ein Rätsel bleiben, aber eine Sache ist gewiss: Gutes Laugengebäck lässt sich mit etwas Geduld auch wunderbar zu Hause zubereiten.

Zubereitungszeit: ca. 1½ Stunden + 12 Stunden Gehzeit

Ergibt etwa 8–10 Laugenherzen

Teig:

- 500 g Weizenmehl Type 550
- 2 TL Salz
- 200 ml lauwarmes Wasser
- 100 ml lauwarme Milch
- 1 TL Zucker
- 1 Würfel Hefe
- 30 g kalte Butter
- ca. 2 EL Mehl zum Bestäuben

Lauge:

- 1 l Wasser
- 50 g Kaisernatron

Zum Bestreuen:

- grobkörniges Salz
- Sesam
- Mohn
- Sonnenblumen- und Kürbiskerne

1. Das Mehl in eine große Schüssel geben, mit dem Salz vermischen und eine kleine Mulde formen.
2. Das lauwarme Wasser, die Milch, den Zucker und die Hefe mischen und in die Mulde geben. Leicht einarbeiten und etwa 10 Minuten an einem warmen Ort abgedeckt stehen lassen.
3. Anschließend den Teig mit den Händen oder einer Küchenmaschine zu einem glatten Teig kneten. Die Butter in kleinen Flöckchen einarbeiten. Der Teig ist ausreichend geknetet, wenn er nicht mehr klebrig ist und sich leicht vom Schüsselrand löst. Sollte dies nicht der Fall sein, noch ein wenig weiterkneten bzw. etwas Mehl hinzugeben.
4. Den Teig mit etwas Mehl bestäuben, mit Folie abdecken und über Nacht im Kühlschrank reifen lassen.
5. Am nächsten Morgen den Teig auf eine bemehlte Arbeitsfläche geben und nochmals gut durchkneten.
6. Den Backofen auf 230 °C (Ober-/Unterhitze) vorheizen. Etwa 8–10 Teiglinge abstechen und jeweils zu 35 cm langen Rollen formen. Daraus ein Herz legen und die Spitze leicht zusammendrücken.
7. 1 Liter Wasser in einem großen Topf zum Kochen bringen. Das Natron ins Wasser geben und die Temperatur auf die niedrigste Stufe herunterschalten.
8. Die Teiglinge mit Hilfe eines Schaumlöffels für ungefähr 25 Sekunden ins Laugenwasser tauchen und anschließend auf ein mit Backpapier belegtes Blech setzen. Mit Salz, Sesam, Mohn oder Körnern bestreuen (evtl. noch mit einem scharfen Messer einschneiden) und in der Mitte des Ofens ca. 20–30 Minuten backen, bis die Laugenherzen die gewünscht dunkle Färbung annehmen.

Biergarten-Brot

Jeder liebt gutes Brot, aber ans Brotbacken zu Hause trauen sich die wenigsten. Das muss nicht sein, denn dieses wunderbar herzhafte Biergarten-Brot gelingt auch Anfängern und schmeckt sagenhaft. Alles was man dafür braucht, sind ein paar wenige Zutaten und etwas Zeit und Geduld.

Zubereitungszeit: 15 Minuten
+ 27 Stunden Gehzeit
+ 40–50 Minuten Backzeit

Ergibt 1 Brot

- 200 ml lauwarmes Wasser
- ½ Würfel frische Hefe
- 1 EL Honig
- 330 ml mildes Bier
- 500 g Weizenmehl (Type 1050)
- 250 g Dinkelvollkornmehl
- Körner, Nüsse, Röstzwiebeln etc. nach Geschmack
- Mehl zum Bestäuben

1. Das lauwarme Wasser in eine große Schüssel geben und die Hefe darin auflösen. Honig, Bier, Weizen- und Dinkelvollkornmehl dazugeben und per Hand oder mit der Küchenmaschine zu einem glatten Teig kneten.
2. Die Schüssel mit Frischhaltefolie verschließen und bei Raumtemperatur etwa 20 Stunden gehen lassen.
3. Anschließend den Teig für 24 Stunden in den Kühlschrank zum Reifen geben.
4. Nach der Reifezeit den Brotteig auf die bemehlte Arbeitsfläche geben und kurz durchkneten. Wer möchte kann dem Brot an dieser Stelle noch ein paar Körner, Nüsse oder Röstzwiebeln hinzufügen. Den Teig zu einer Kugel formen, in ein bemehltes Gärkörbchen geben und abgedeckt nochmals 1 Stunde gehen lassen.
5. Den Backofen samt Backblech oder Brotbackstein auf 250 °C (Ober-/Unterhitze) vorheizen.
6. 100 ml Wasser abmessen. Wenn der Backofen heiß ist, das Brot auf das heiße Backblech bzw. den Bachstein stürzen, sofort in den Backofen schieben und für ein knuspriges Backergebnis schnell das Wasser auf den Boden des Ofens spritzen. Dann die Ofentür sofort verschließen!
7. Die Backtemperatur nun auf 200 °C reduzieren und das Brot etwa 40–50 Minuten knusprig braun backen.

Mein Tipp:

Anstatt eines Gärkörbchens kann auch ein Nudelsieb verwendet werden. Dazu einfach ein gut bemehltes Küchentuch aus Baumwolle oder Leinen hineinlegen, den Teig daraufsetzen, zudecken und wie gewohnt gehen lassen.

Obazda

Der bayerische Obazda ist ein wunderbares Beispiel dafür, wie aus der Verwertung von Resten – hier waren es diverse Weichkäse-Überbleibsel – ein neues Gericht entstehen kann. Heute gibt es neben dem traditionellen Obazda-Rezept eine Vielfalt weiterer Rezepte für den cremigen Aufstrich. Dies ist mein liebstes Rezept.

Zubereitungszeit: ca. 20 Minuten + mind. 1 Stunde Ziehzeit

Für 4–6 Personen

- 200 g Camembert
- 50 g weiche Butter
- 50 g Frischkäse
- 1 kleine Zwiebel
- 3 EL Weißbier
- 1 TL Paprikapulver (edelsüß)
- 1 Prise Kümmel, gemahlen
- Salz
- schwarzer Pfeffer
- Schnittlauchröllchen & Radieschen für die Garnitur

1. Camembert, Butter und Frischkäse in eine Schüssel geben und mit Hilfe einer Gabel vermischen.
2. Die Zwiebel schälen und fein hacken. Zwiebeln und das Weißbier unter die Käse-Butter-Mischung rühren.
3. Die Gewürze dazugeben, abschmecken und mindestens 1 Stunde ziehen lassen.
4. Den Obazda mit Schnittlauchröllchen, Radieschen und Laugengebäck oder Roggenbrot servieren.

Mein Tipp:

Je nach persönlichen Geschmacksvorlieben kann man dem Obazda durch die Wahl eines entsprechenden Camemberts Schärfe oder Milde verleihen. Es gilt die Faustregel:
junger Camembert = milder Geschmack
reifer Camembert = rassiger Geschmack

Bärlauch-Zitronen-Butter

Bei einer köstlichen bayerischen Brotzeit darf eines gewiss nicht fehlen: eine kleine Auswahl herzhafter Aufstriche. Diese Bärlauch-Zitronen-Butter lässt sich schnell vorbereiten und schmeckt nach einem langen Winter wunderbar frisch und lecker.

Zubereitungszeit: ca. 10 Minuten + 30 Minuten Kühlzeit

Für 250 g Aufstrich

- 250 g weiche Butter
- ½ Bund Bärlauch
- 1 TL abgeriebene Zitronenschale
- 1 TL Kräutersalz
- Salz
- schwarzer Pfeffer

1. Butter in ein Schälchen geben.
2. Den Bärlauch waschen, dunkle Stellen und welke Blätter entfernen und sehr fein hacken.
3. Bärlauch, Zitronenabrieb und Kräutersalz zu der Butter geben und gut vermischen.
4. Die Bärlauch-Zitronen-Butter mit Salz und Pfeffer abschmecken und in ein Weckglas füllen. Vor dem Servieren im Kühlschrank mindestens 30 Minuten kühl stellen.

Mein Tipp:

Um die Bärlauchbutter einfacher portionieren zu können, kann man sie auch zu einer Rolle formen. Dazu die Kräuterbutter auf ein Stück Frischhaltefolie geben, einwickeln, mit den Händen zu einer Rolle formen und im Kühlschrank bis zum Verzehr kühl stellen.

Kartoffelkäs

Die allerbesten Dinge sind doch immer die einfachsten, oder? Dieser Aufstrich aus gekochten Kartoffeln, Röstzwiebeln und saurer Sahne ist eines meiner liebsten Beweise dafür, wie bodenständig und kompromisslos lecker die bayerische Küche ist. Wunderbar!

Zubereitungszeit: ca. 30 Minuten

Für 4 Personen

- 400 g mehligkochende Kartoffeln
- 200 g saure Sahne
- 1 EL Röstzwiebeln
- evtl. 1 Schuss Milch
- Salz
- schwarzer Pfeffer
- 1 EL Schnittlauchröllchen

1. Kartoffeln kochen, pellen und in eine Schüssel geben. Mit einer Gabel zerdrücken.
2. Saure Sahne und die Röstzwiebeln untermischen, sodass sich eine streichfähige Paste ergibt. Falls der Kartoffelkäs noch nicht die gewünscht streichfähige Konsistenz hat, einfach 1 Schuss Milch hinzugeben und die Masse anschließend cremig rühren.
3. Zum Schluss den Aufstrich mit Salz und Pfeffer würzen und mit Schnittlauch garniert servieren.

Mein Tipp:

Den Kartoffelkäs genießt man am allerbesten auf einer Scheibe frischem Bauernbrot. Dazu passt Bier oder auch Most hervorragend.

Brotzeitgurken

Eingelegte Gurken sind perfekte Brotzeitbegleiter und eine tolle Möglichkeit, um im Herbst frische Gurken für den Winter haltbar zu machen. Mit diesem einfachen Rezept hat man in etwa drei Wochen die ersten selbst eingelegten Brotzeitgurken auf dem Teller.

Zubereitungszeit: ca. 30 Minuten + mind. 3 Wochen Ziehzeit

Für 4 Gläser eingelegte Gurken

Gurken:

- 1 kg Einlegegurken
- 2 TL Salz
- Gurkengewürz für 1 kg Gurken
- 4 Chilischoten
- 4 Knoblauchzehen
- 1 Bio-Zitrone, in Scheiben geschnitten
- ca. 4 Radieschen, in Scheiben geschnitten
- 4 Lorbeerblätter
- 4 frische Stängel Dill

Sud:

- 1 l Wasser
- 300 ml Weißweinessig
- 200 g Zucker
- 2 TL Salz

1. Die Gurken gründlich waschen, in eine Schüssel legen, das Salz darüberstreuen und so viel Wasser hinzufügen, dass die Gurken bedeckt sind. Über Nacht stehen lassen.
2. Am nächsten Tag das Wasser abgießen und die Gurken mit Küchenpapier trocknen.
3. Die Gurken in 4 sterilisierte Gläser geben und in jedes Gurkenglas etwas Gurkengewürz, jeweils 1 Chilischote, 1 Knoblauchzehe, 1–2 Zitronenscheiben, ein paar Radieschenscheiben, 1 Lorbeerblatt sowie 1 Stängel Dill geben.
4. Das Wasser mit dem Essig, Zucker und Salz aufkochen, den Sud über die Gurken gießen (etwa 1 cm bis zum Rand übrig lassen!) und die Gläser sofort verschließen. Die Brotzeitgurken an einem dunklen, kühlen Ort mindestens 3 Wochen durchziehen lassen.
5. Die Brotzeitgurken vor dem Servieren kurz abwaschen oder abtropfen lassen.

Mein Tipp:

Gurken- oder Marmeladengläser lassen sich prima im Backofen sterilisieren. Dazu den Backofen auf 175 °C vorheizen und die Gurkengläser etwa 25 Minuten in den heißen Backofen stellen. Die Gläser bis zum Befüllen umgedreht auf ein sauberes Küchentuch setzen.

Und noch etwas: Wer die Haltbarkeit der Brotzeitgurken etwas verlängern möchte, verwendet einfach etwas Einmachhilfe nach Packungsanweisung.

Himbeersenf

Auf einer bayerisch-vegetarischen Brotzeitplatte spielt Käse definitiv die Hauptrolle. Zu gutem Käse reiche ich am allerliebsten einen fruchtigen Senf. Dieser feine Himbeersenf ist ein perfekter Käsebegleiter und peppt auch als Geheimzutat jedes Salatdressing wunderbar auf.

Zubereitungszeit: ca. 20 Minuten

Für 1 Glas Senf (ca. 200 g)

- 200 g frische Himbeeren
- 5 EL grobkörniger Senf
- 2 EL Honig
- 1 Prise Salz
- schwarzer Pfeffer

1. Die Himbeeren verlesen, vorsichtig waschen und mit einem Löffel durch ein feines Sieb streichen. Das Himbeerpüree in einem kleinen Topf auffangen.
2. Senf, Honig, Salz und Pfeffer hinzugeben. Zum Kochen bringen und 10–15 Minuten kochen, bis die Flüssigkeit reduziert ist und der Himbeersenf eine festere, senfähnliche Konsistenz bekommt.
3. Den Himbeersenf in ein sauberes Weckglas füllen, verschließen und vollständig abkühlen lassen. Anschließend den Senf servieren oder bis zum Verzehr im Kühlschrank aufbewahren.

Mein Tipp:

Für die Aufbewahrung des Himbeersenfs einfach ein sauberes Weckglas im Backofen sterilisieren. Dazu das Glas etwa 25 Minuten in den auf 175 °C vorgeheizten Backofen geben und es anschließend bis zur Befüllung auf einem sauberen Küchentuch umgedreht abstellen.

Wildkräutersalat mit Blüten und Himbeer-Vinaigrette

Der Frühlingssalat aus Wildkräutern schmeckt nicht nur köstlich, sondern ist auch eine ganz besondere Augenweide. Ich serviere ihn gerne zu besonderen Anlässen. Wer das Glück hat im Grünen zu wohnen und sich ein klein wenig auskennt, findet die dafür verwendeten Wildkräuter wie Löwenzahn, Spitzwegerich, Gänseblümchen, Klee oder Giersch vermutlich sogar vor seiner Haustür.

Zubereitungszeit: ca. 20 Minuten

Für 4 Personen als Vorspeise

- 200 g Wildkräutermischung (z. B. Rauke, Spitzwegerich, Klee, Kresse, Ampfer, Schafgarbe etc.)
- 6 EL mildes Rapsöl
- 3 EL Himbeeressig
- 1 TL Himbeerkonfitüre
- 1 TL grobkörniger Senf
- Salz
- schwarzer Pfeffer
- 1 Handvoll essbare Blüten in Bio-Qualität

1. Die Wildkräuter waschen, putzen und welke Blättchen entfernen.
2. Aus Rapsöl, Himbeeressig, Himbeerkonfitüre, Senf sowie Salz und Pfeffer die Himbeer-Vinaigrette herstellen.
3. Den Wildkräutersalat auf 4 Tellern verteilen und mit der Himbeer-Vinaigrette beträufeln.
4. Die essbaren Blüten von eventuellem Ungeziefer befreien und auf dem Salat anrichten.

Mein Tipp:

Essbare Blüten sind oft auf dem Wochenmarkt und mittlerweile auch in gut sortierten Supermärkten erhältlich. Wer im Grünen wohnt oder über einen blühenden Garten verfügt, sollte sich vor dem Pflücken darüber informieren, welche Blüten essbar sind und welche nicht.

Ich kann Gänseblümchen, Kapuzinerkresse, Stiefmütterchen, Hibiskus- und Holunderblüten, Kornblumen sowie Schlüsselblumen empfehlen.

Radieschensalat mit Bergkäse und Schnittlauch-Vinaigrette

Radieschen gelten zwar als typisches Frühlingsgemüse, sind aber mittlerweile das ganze Jahr über erhältlich. In Bayern erfreuen sie sich einer ganz besonders großen Beliebtheit, beispielsweise als Hauptzutat in diesem knackig-frischen Salat mit würzigem Bergkäse.

Zubereitungszeit: ca. 15 Minuten

Für 4 Personen als Vorspeise oder als Beilage

- 1 Bund Radieschen
- ½ Bund Frühlingszwiebeln
- 100 g Bergkäse
- 1 gute Handvoll Rucola
- 4 EL Rapsöl
- 2 EL Weißweinessig
- 1 TL grobkörniger Senf
- Salz
- schwarzer Pfeffer
- 1 EL Schnittlauchröllchen

1. Radieschen vom Grün befreien, waschen, putzen und in kleine Würfel schneiden. Frühlingszwiebeln ebenfalls waschen, putzen und in dünne Ringe schneiden. Bergkäse fein würfeln.
2. Radieschen, Frühlingszwiebeln und Bergkäse in eine Salatschüssel geben und vermischen.
3. Rucola waschen und ebenfalls dazugeben.
4. Aus Rapsöl, Weißweinessig, Senf, Salz, Pfeffer und den Schnittlauchröllchen eine Vinaigrette herstellen und vorsichtig unterheben. Den Radieschensalat vor dem Servieren kurz durchziehen lassen.

Mein Tipp:

Zu dem Radieschensalat mit Bergkäse passt frisches Laugengebäck.

Frühlingssalat mit grünem Spargel

Dieser Frühlingssalat aus heimischen Radieschen und grünem Spargel weckt uns aus dem Winterschlaf und schmeckt pur und vollmundig zugleich. Radieschen, Spargel und Baby-Blattspinat sind mein allerliebstes Frühlingsgemüse, und die Gänseblümchen pflücke ich in unserem Garten. Wunderbar lecker und gesund!

Zubereitungszeit: ca. 20 Minuten

Für 4 Personen

- 250 g Baby-Blattspinat oder Feldsalat
- 1 Bund Radieschen
- ½ Bund grüner Spargel
- 6 EL Oliven- oder Rapsöl
- 3 EL Weißweinessig
- 1 TL grobkörniger Senf
- 1 Prise Zucker
- Salz
- schwarzer Pfeffer
- 1 Handvoll Gänseblümchen

❶ Wasser in einem Topf zum Kochen bringen.

❷ Den Baby-Blattspinat bzw. Feldsalat waschen, trocken schleudern und in eine Salatschüssel geben. Radieschen und Spargel ebenfalls waschen, putzen und vom Spargel die holzigen Enden abschneiden.

❸ Sobald das Wasser kocht, die Temperatur reduzieren und den Spargel etwa 3–5 Minuten lang kochen. Der Spargel sollte noch genügend Biss haben und nicht zu weich sein. Spargel abgießen und kurz in eiskaltes Wasser tauchen, damit seine schöne grüne Farbe erhalten bleibt. Auf einem Küchentuch abtropfen lassen.

❹ Die Radieschen in dünne Scheiben schneiden und zu dem Salat geben. Spargel diagonal in mundgerechte Stücke schneiden und ebenfalls zugeben.

❺ Aus Öl, Essig, Senf, Zucker, Salz und Pfeffer eine Vinaigrette herstellen und unter den Salat heben. Vorsichtig durchmischen und den Salat zum Schluss mit den Gänseblümchen bestreuen.

Brezensalat

Was für die Italiener der Panzanella ist, ist für uns Bayern der Brezensalat. Dieser Brotsalat aus knusprig gerösteten Laugenbrezeln und knackfrischem Gartengemüse schmeckt herrlich, macht schön satt und ist ganz nebenbei eine wunderbare Möglichkeit Laugenbrezen vom Vortag zu verwerten.

Zubereitungszeit: ca. 20 Minuten

Für 4 Personen

3 Brezen (frisch oder vom Vortag)
4 EL Butter
1 Bund Radieschen
½ Salatgurke
50 g Babyspinat
6 EL Rapsöl
3 EL Weißweinessig
1 TL grobkörniger Senf
Salz
schwarzer Pfeffer
3 EL Schnittlauchröllchen

❶ Brezen in kleine Stücke schneiden. Butter in einer Pfanne zerlassen und die Stücke darin bei mittlerer Hitze rösten, bis sie schön knusprig sind und eine goldbraune Farbe bekommen. Die Brezen-Croûtons beiseitestellen und vollständig abkühlen lassen.

❷ Radieschen, Gurke und Babyspinat waschen und putzen. Die Gurke der Länge nach erst halbieren, dann vierteln, die Kerne mit einem Löffel herauslösen und die Gurke anschließend in kleine, mundgerechte Stücke schneiden. Radieschen in Scheiben schneiden. Gurken und Radieschen in eine Salatschüssel geben.

❸ Aus Rapsöl, Weißweinessig, Senf, Salz und Pfeffer ein Dressing herstellen und unterrühren.

❹ Die Brezen-Croûtons und anschließend den Babyspinat unterheben und vorsichtig vermischen. Zum Schluss den Brezensalat mit den Schnittlauchröllchen bestreuen, umrühren und sofort servieren.

Mein Tipp:

Wer den Salat nicht als Beilage, sondern als Hauptmahlzeit servieren möchte, kann beispielsweise noch 100 g gewürfelten Bergkäse hinzufügen. Der würzige Geschmack des Käses passt wunderbar zu dem Salat und macht ihn gleichzeitig sättigender.

Bayerische Schnittlauchbutter-Häppchen

Diese bayerischen Mini-Schmankerl lassen sich als kleine Vorspeise, als Happen zu einem Glas Wein oder zur Maß Bier reichen. Die Schnittlauchbutter-Häppchen machen garantiert auch auf jedem bayerischen Büfett eine gute Figur.

Zubereitungszeit: ca. 45 Minuten

Für 4–8 Personen als Vorspeise

- 125 g weiche Butter
- 1 TL Kräutersalz
- 1 Bund Schnittlauch
- 500 g Pumpernickel oder sehr dunkles Kasten-Vollkornbrot in Scheiben
- Salz
- schwarzer Pfeffer
- 1 Bund Radieschen

❶ Butter und Kräutersalz in eine Schüssel geben. Schnittlauch waschen, trocken schütteln, in Röllchen schneiden und bis auf 1 EL mit der Butter verrühren. Die Schnittlauchbutter eventuell nochmals mit Salz und Pfeffer abschmecken.

❷ Eine Scheibe Pumpernickel oder Vollkornbrot mit der Schnittlauchbutter bestreichen und eine zweite Brotscheibe darauflegen. Auch diese Scheibe mit der Butter bestreichen und erneut mit einer weiteren Pumpernickel-Schreibe abschließen. Auf diese Art und Weise weiter verfahren, bis Brot und Butter aufgebraucht sind.

❸ Das geschichtete Schnittlauchbutter-Brot fest in Frischhaltefolie einwickeln und mindestens 30 Minuten kühl stellen.

❹ Vor dem Servieren das gekühlte Brot aus der Folie nehmen und in etwa 1 cm dicke Scheiben schneiden. Jede Scheibe nochmals halbieren und auf einer Servierplatte anrichten.

❺ Die Radieschen waschen, putzen und in dünne Scheiben schneiden. Jedes Häppchen mit ein paar Radieschenscheiben belegen, mit den übrigen Schnittlauchröllchen bestreuen und sofort servieren.

Bauernbrot mit Avocado & Ei

Auch wenn diese vegetarische Version des Strammen Max ihren Ursprung nicht unbedingt in der bayerischen Küche hat, so passt das herzhaft belegte Brot ganz wunderbar zur bayerischen Brotzeitkultur.

Zubereitungszeit: ca. 20 Minuten

Für 4 belegte Brote

- 4 Scheiben rustikales Bauernbrot
- 3 EL Butter
- 4 Eier
- 4 TL Frischkäse
- 2 reife Avocados
- Salz
- schwarzer Pfeffer
- 2 EL Schnittlauchröllchen

1. Die 4 Brotscheiben in einer beschichteten Pfanne in 2 EL zerlassener Butter von beiden Seiten leicht rösten. Die Brotscheiben auf einen Teller geben und in der Pfanne die restliche Butter erhitzen und darin 4 Spiegeleier braten.
2. Jede geröstete Brotscheibe mit jeweils 1 TL Frischkäse bestreichen.
3. Avocados halbieren und den Kern entfernen. Das Fruchtfleisch mit Hilfe eines Löffels herauslösen und direkt auf das Brot streichen. Dafür pro Brotscheibe jeweils das Fruchtfleisch einer halben Avocado verwenden.
4. Auf jedes belegte Brot ein Spiegelei geben und kräftig mit Salz und Pfeffer würzen. Die Brote mit Schnittlauchröllchen bestreuen und sofort servieren.

Mein Tipp:

Anstatt Avocado kann man auch viele andere Gemüsearten verwenden. Besonders köstlich sind gedünsteter Spinat, gegrillte Zucchini oder frischer Salat.

Suppen und warme Kleinigkeiten

Weil der Hunger nicht immer riesengroß ist, bietet die bayerische Küche eine Vielfalt von Gerichten an, die sich entweder wunderbar als Vorspeise oder miteinander kombiniert auch als vollwertiges Gericht auftischen lassen. Wie wäre es also mit einer feinen Grießnockerlsuppe, einem herzhaften Ofenbaguette oder einem typisch bayerischen Bruschetta?

Kürbiscremesuppe mit Brezen-Croûtons

In der nasskalten Jahreszeit gibt es für mich nichts Wohltuenderes als einen Teller warmer Kürbiscremesuppe. Mit knusprigen Brezen-Croûtons wird auch aus dieser klassischen Suppe eine kleine bajuwarische Spezialität.

Zubereitungszeit: ca. 40 Minuten

Für 4 Personen

- 1 Hokkaidokürbis (ca. 1 kg)
- 1 weiße Zwiebel
- 4 EL Butter
- 900 ml Gemüsebrühe
- 2 Brezen
- 100 ml Orangensaft
- 200 g saure Sahne
- Salz
- schwarzer Pfeffer
- Schnittlauchröllchen

1. Den Hokkaidokürbis waschen, halbieren, Kerne entfernen und das Fruchtfleisch in mundgerechte Stücke schneiden.
2. Die Zwiebel schälen, fein hacken und in 2 EL Butter andünsten. Kürbisfleisch hinzugeben und unter Rühren kurz anrösten. Mit der Gemüsebrühe ablöschen und ungefähr 20 Minuten köcheln lassen, bis der Kürbis weich ist.
3. Währenddessen die Brezen in mundgerechte Scheiben schneiden und in einer beschichteten Pfanne in der restlichen Butter knusprig braten. Brezen-Croûtons beiseitestellen und abkühlen lassen.
4. Wenn das Kürbisfleisch weich ist, die Suppe vom Herd nehmen. Orangensaft und saure Sahne zugeben und alles mit einem Pürierstab sämig pürieren. Die Suppe kräftig mit Salz und Pfeffer abschmecken.
5. Kürbiscremesuppe auf 4 Teller geben und mit jeweils 3 EL Brezen-Croûtons anrichten. Mit den Schnittlauchröllchen bestreuen und sofort servieren.

Mein Tipp:

Die Brezen-Croûtons sind eine wunderbare Möglichkeit, um altbackenes Laugengebäck noch zu verwerten. Sie schmecken auch in vielen anderen cremigen und klaren Suppen als Suppeneinlage.

Grießnockerlsuppe

Ein klein wenig beschämt muss ich zugeben: Lange Zeit gab es bei uns diese Suppe immer nur als Fertiggericht. Weil die Zubereitung aber so kinderleicht ist und der Geschmack einer selbstgemachten Grießnockerlsuppe einfach unvergleichlich ist, werden Grießnockerl jetzt nur noch selbst gemacht.

Zubereitungszeit: ca. 50 Minuten

Für 4 Personen

- 50 g weiche Butter
- 100 g Hartweizengrieß
- 1 Ei
- Salz
- schwarzer Pfeffer
- 1 ½ l Gemüsebrühe
- Schnittlauchröllchen

1. Butter schaumig rühren. Grieß und das Ei unterrühren und mit Salz und Pfeffer würzen. 30 Minuten quellen lassen.
2. Gemüsebrühe zubereiten und zum Kochen bringen.
3. Mit 2 Esslöffeln aus der Grießmasse kleine Nocken abstechen und in die kochende Gemüsebrühe geben. Grießnockerl bei schwacher Hitze ca. 15 Minuten ziehen lassen. Nach einer Viertelstunde eine Garprobe machen: Die Grießnockerl sollten innen weich und locker sein. Eventuell noch ein paar Minuten fertig garen lassen.
4. Die fertige Grießnockerlsuppe auf 4 Tellern anrichten und sofort mit Schnittlauchröllchen bestreut servieren.

Mein Tipp:

Die Grießnockerl beim Abstechen nicht zu groß formen, denn sie quellen in der Suppe noch auf.

Herzhaftes Ofenbaguette mit Ei

Dieses köstliche Ofenbaguette begeistert jeden im Nu, denn es lässt sich nicht nur schnell zubereiten, sondern sieht auch noch außergewöhnlich lecker aus. Mit einem Salat dazu ist es ein wunderbares kleines Mittag- oder Abendessen.

Zubereitungszeit: ca. 25 Minuten

Für 2 Baguettes

- 2 Baguettes zum Aufbacken
- 4 EL weiche Butter
- 6 Eier (Größe S)
- Salz
- schwarzer Pfeffer
- Schnittlauchröllchen

1. Den Backofen auf 175 °C (Ober-/Unterhitze) vorheizen.
2. Mit einem scharfen Messer in jedes Baguette jeweils 3 Kreise schneiden. Die kreisrunden Einschnitte mit einem Teelöffel vorsichtig herauslösen. Die Öffnung eventuell mit dem kleinen Löffel noch etwas aushöhlen und mit etwas weicher Butter auspinseln. Dies verhindert, dass das Eiweiß das Brot später aufweicht.
3. Nun jedes der 6 Eier einzeln in eine kleine Tasse aufschlagen und vorsichtig in die Baguette-Mulde gleiten lassen. Je nach Größe der Mulde bzw. des Eies eventuell etwas Eiweiß zurückhalten, damit das Ei im Brot nicht überläuft. Alle Mulden auf diese Weise mit einem Ei füllen.
4. Baguettes auf ein mit Backpapier belegtes Blech setzen und etwa 10–15 Minuten backen, bis das Baguette eine schöne Farbe hat und das Ei gestockt ist. Anschließend aus dem Backofen nehmen, salzen, pfeffern und mit Schnittlauchröllchen garnieren.

Radieschen-Flammkuchen

Dieses Rezept ist meine Variante für einen bayerischen Flammkuchen. Knackige Radieschen, Frühlingszwiebeln und herzhafter Käse verwandeln die Elsässer Spezialität im Nu in ein weiß-blaues Schmankerl.

Zubereitungszeit: ca. 35 Minuten + 2 Stunden Gehzeit

Für 4 Personen

- ¼ Würfel Hefe (10 g)
- 250 g Mehl
- 100 ml Buttermilch
- 2 EL Olivenöl
- Salz
- 200 g saure Sahne
- schwarzer Pfeffer
- ½ Bund Radieschen
- 2 Frühlingszwiebeln
- 50 g Gruyère, gerieben
- 1 kleine Handvoll Löwenzahn oder Rucola

1. Die Hefe in 4 EL warmem Wasser auflösen.
2. Das Mehl in eine Schüssel geben, eine Mulde formen und das Hefewasser hineinschütten. Mit den Fingern leicht vermischen. Buttermilch, Olivenöl und ½ TL Salz hinzufügen und zu einem glatten Teig verkneten. Den Teig zu einer Kugel formen und abgedeckt an einem warmen Ort mindestens 2 Stunden gehen lassen.
3. Den Backofen auf 200 °C (Umluft) vorheizen.
4. Nach der Gehzeit den Teig auf einer bemehlten Arbeitsfläche durchkneten, in 4 gleich große Portionen teilen und weitere 5 Minuten ruhen lassen.
5. Anschließend jeden Teigling kreisrund ausrollen und auf ein mit Backpapier belegtes Blech legen.
6. Die saure Sahne mit etwas Salz und Pfeffer würzen, auf den 4 Flammkuchen verteilen und glatt streichen.
7. Radieschen und Frühlingszwiebeln waschen, putzen und in Scheiben bzw. Ringe schneiden. Gleichmäßig auf den Flammkuchen verteilen. Zum Schluss den geriebenen Käse darüberstreuen. Die Flammkuchen im Backofen etwa 15 Minuten knusprig backen.
8. Vor dem Servieren auf jedem Flammkuchen ein paar gewaschene Blätter Löwenzahn oder Rucola verteilen.

Mein Tipp:

Für alle Eiligen: Mit einem Fertig-Flammkuchenteig aus dem Kühlregal steht der bayerische Flammkuchen schon in einer knappen halben Stunde auf dem Tisch!

Warmer Kürbis-Feigen-Salat

Mit ein wenig Mut und Kreativität lassen sich in der bayerischen Küche so manch wunderbare, neue Gerichte zaubern. Dieser warme Salat aus Kürbis und Feigen ist ein schönes Beispiel dafür, wie leicht und modern die bayerische Küche sein kann.

Zubereitungszeit: ca. 30 Minuten

Für 4 Personen

- 1 kleiner Hokkaido-Kürbis
- 1 rote Zwiebel
- 6 EL Olivenöl
- Salz
- schwarzer Pfeffer
- 4 frische Feigen
- 4 EL Balsamico-Essig
- 100 g Blauschimmelkäse
- frischer Thymian

1. Den Backofen auf 175 °C (Ober-/Unterhitze) vorheizen.
2. Hokkaido-Kürbis waschen, halbieren, Fruchtfleisch und Kerne entfernen und den Kürbis in mundgerechte Stücke bzw. Spalten schneiden. Die Zwiebel schälen und in Ringe schneiden.
3. Das Gemüse auf einem mit Backpapier belegten Blech verteilen, mit 4 EL Olivenöl beträufeln und mit Salz und Pfeffer würzen. Im Backofen etwa 20 Minuten rösten, bis der Kürbis angenehm weich ist.
4. Das Ofengemüse vorsichtig auf 4 Tellern oder auf einer großen Servierplatte verteilen.
5. Die Feigen waschen, vierteln, auf dem warmen Kürbis anrichten und mit Balsamico-Essig und dem restlichen Olivenöl beträufeln.
6. Zum Schluss den Blauschimmelkäse in kleine Stücke schneiden oder brechen und gleichmäßig darüber verteilen. Mit frischem Thymian bestreuen, eventuell mit Salz und Pfeffer nachwürzen, sofort warm servieren.

Mein Tipp:

Dieser Salat lässt sich vielfältig abwandeln. Auch Zucchini, Paprika, Kartoffeln und geröstete Möhren schmecken hier ganz wunderbar.

Laugenstange mit gemischten Waldpilzen

Dass Fastfood weder ungesund noch geschmackliches Mittelmaß sein muss, beweist diese gefüllte Laugenstange mit gemischten Waldpilzen. Allerfeinstes bayerisches Fastfood, das nicht nur satt, sondern auch glücklich und zufrieden macht.

Zubereitungszeit: ca. 20 Minuten

Für 4 Personen

- 4 Laugenstangen
- 250 g gemischte Waldpilze
- 2 EL Butter
- Salz
- Pfeffer
- 1 kleine Handvoll Löwenzahn oder Rucola
- 100 g Kräuterquark

1. In jede Laugenstange mit einem scharfen Messer oberhalb einen länglichen Schnitt schneiden. Das Laugengebäck an der Schnittstelle leicht auseinanderdrücken und mit den Fingern vorsichtig ein wenig aushöhlen, um später genügend Platz zum Befüllen zu haben. Dann beiseitestellen.
2. Die Pilze mit Küchenpapier oder einer Pilzbürste säubern und in Scheiben schneiden. Die Waldpilze in einer Pfanne in der Butter ein paar Minuten anbraten. Mit Salz und Pfeffer würzen, dann Löwenzahn oder Rucola unterheben und beiseitestellen.
3. Die Laugenstangen leicht auseinanderdrücken und jeweils etwas Kräuterquark auf den Boden streichen. Jede Laugenstange mit ungefähr einem Viertel der warmen Pilze füllen und sofort servieren.

Bayerisches Bruschetta

Wenn sich ein typisch italienisches Antipasti mit bayerischen Zutaten verbindet, dann kommt ein original bayerisches Bruschetta dabei heraus. Das geröstete Brot mit Frischkäse, Möhren und Bärlauchpesto schmeckt einzigartig lecker!

Zubereitungszeit: ca. 30 Minuten

Für 4 Personen

- je 3 gelbe und violette Möhren
- 4 EL Olivenöl
- Salz
- schwarzer Pfeffer
- 1 Ciabatta
- 100 g Frischkäse
- 4 EL Bärlauchpesto (oder anderes grünes Pesto)

1. Den Backofen auf 180 °C (Ober-/Unterhitze) vorheizen.
2. Die Möhren vom Grün befreien, waschen, putzen und in diagonale Scheiben schneiden. Die Möhren auf ein mit Backpapier belegtes Backblech geben, mit dem Olivenöl beträufeln und mit Salz und Pfeffer würzen. Im vorgeheizten Backofen ca. 20 Minuten backen. Die Möhren sollten angenehm weich und gleichzeitig noch leicht bissfest sein.
3. Das Ciabatta in ungefähr 12 Scheiben schneiden und im Toaster knusprig toasten. Kurz abkühlen lassen und jede Brotscheibe mit etwas Frischkäse bestreichen.
4. Die fertig gegarten Möhren aus dem Backofen holen, ganz kurz abkühlen lassen und dann jede der gerösteten Ciabatta-Scheiben mit ein paar Möhrenscheiben belegen. Zum Schluss einen Klecks Bärlauchpesto daraufgeben und sofort servieren.

Mein Tipp:

Das bayerische Bruschetta ist sehr wandlungsfähig und lässt sich mit vielen anderen saisonalen Gemüsesorten belegen. Wie wäre es beispielsweise mit gerösteten Pilzen, Kürbisspalten oder Zucchini?

Bayerische Schmankerl zum Sattessen

Bayerische Spezialitäten haben eine lange Tradition und erfreuen sich heute auch über die Landesgrenzen hinaus großer Beliebtheit. Dass die bajuwarische Küche überwiegend fleischlastig, deftig und sehr gehaltvoll ist, stimmt schon lange nicht mehr. Neu interpretierte Klassiker und wiederentdeckte Gerichte aus der bäuerlichen Küche von anno dazumal bringen heute eine neue Leichtigkeit in die bayerisch-vegetarische Küche.

Polentaschnitten

Polenta gehört in vielen europäischen Ländern zur typisch regionalen Küche und auch in Bayern genießt man gerne mal ein leckeres Gericht auf der Basis von Maisgrieß. Diese Polentaschnitten mit Pilzen, Blauschimmelkäse und Nüssen sind eines meiner Lieblingsgerichte und überzeugen selbst Skeptiker.

Zubereitungszeit: ca. 45 Minuten + 1 Stunde Wartezeit

Für 4 Personen

- 1 gehäufter EL getrocknete Steinpilze
- 500 ml Gemüsebrühe
- 1 Knoblauchzehe
- 125 g Maisgrieß (Polenta)
- 1 TL weiche Butter
- 2 EL Olivenöl
- 200 g bayerischer Blauschimmelkäse, gewürfelt
- 4 EL Walnüsse, gehackt
- etwas Petersilie, gehackt

1. Die getrockneten Pilze nach Packungsanweisung in ein Schälchen mit warmem Wasser geben und etwa 30 Minuten ziehen lassen.
2. Brühe in einen Topf geben. Knoblauch schälen, leicht einschneiden, hinzufügen und die Brühe zum Kochen bringen.
3. Die eingeweichten Pilze leicht ausdrücken und in kleine Würfel schneiden.
4. Den Maisgrieß unter ständigem Rühren in die Brühe schütten. Die fein gehackten Pilze hinzufügen. Die Hitze reduzieren und die Polenta bei kleiner Hitze unter häufigem Rühren etwa 15 Minuten garen. Die Knoblauchzehe aus der Polenta entfernen und diese zum Abkühlen beiseitestellen.
5. Eine Auflaufform mit etwas weicher Butter einfetten, die warme Polenta hineingeben und mit einem Teigschaber glatt streichen. Etwa 30 Minuten abkühlen lassen.
6. Die erkaltete Polenta auf ein Schneidebrett stürzen, die Ränder abschneiden und die Polenta portionsweise in Rauten schneiden. Nun jedes Polentastück mit etwas Olivenöl einpinseln und in einer heißen Grillpfanne von beiden Seiten anbraten.
7. Die Polentaschnitten mit Blauschimmelkäse und gehackten Nüssen servieren. Mit Petersilie garnieren. Dazu passt Feldsalat oder ein anderer Blattsalat.

Mein Tipp:

Die Polentaschnitten können selbstverständlich auch in jeder anderen beliebigen Form und Größe (z. B. Kreise, Quadrate, Rechtecke usw.) serviert werden.

Sauerkraut-Kartoffel-Rösti

Diese bayerische Rösti-Variante steht dem schweizer Vorbild in nichts nach: Das Sauerkraut-Kartoffel-Rösti hat außen eine krosse Schale und innen einen butterweichen Kern. Der Trick dabei: Die Zubereitung erfolgt nicht wie sonst üblich mit rohen, sondern mit halb durchgegarten Kartoffeln vom Vortag. Ausprobieren lohnt sich!

Zubereitungszeit: ca. 40 Minuten

Für 4 Personen

- 1 kg halb durchgegarte Kartoffeln vom Vortag (siehe Tipp)
- 1 Zwiebel
- 200 g Sauerkraut
- 1 EL Mehl
- 1 Ei
- 40 g Bergkäse, gerieben
- Salz
- Pfeffer
- Muskatnuss, frisch gerieben
- 4 EL Butter
- 200 g Kräuterquark

1. Die Kartoffeln vom Vortag pellen und auf einer Gemüsereibe grob reiben. Die Zwiebel schälen, reiben, dazugeben und untermischen.
2. Das Sauerkraut gut abtropfen lassen und mit den Händen ausdrücken. Sauerkraut grob hacken und zu der Kartoffel-Zwiebel-Mischung hinzugeben. Mehl, Ei und geriebenen Bergkäse hinzufügen und gut untermischen.
3. Die Masse mit Salz, Pfeffer und etwas Muskat würzen.
4. 4 Röstis in einer heißen, beschichteten Pfanne in jeweils 1 EL Butter ausbacken. Dabei das Rösti mit Hilfe eines Tellers einmal wenden.
5. Die Rösti mit Kräuterquark servieren. Dazu schmeckt ein grüner Salat.

Mein Tipp:

Für gutes Gelingen einfach am Vortag die Kartoffeln etwa 15 Minuten in Salzwasser kochen. Sie sollten außen schon etwas weich sein, innen aber noch einen harten, kaum durchgegarten Kern besitzen. Kartoffeln abgießen, beiseitestellen und am nächsten Tag verarbeiten.

Gemüsepflanzerl

Diese vegetarischen Gemüsebratlinge sind nicht nur eine köstliche Alternative zu den klassischen Fleischpflanzerl, sondern auch eine schöne Möglichkeit, um besonders gemüsescheue Kinder dazu zu bringen, eine kleine Portion Vitamine zu verspeisen.

Zubereitungszeit: ca. 50 Minuten

Für 4 Personen

- 200 g Bulgur
- 500 ml Gemüsebrühe
- 1 mittelgroße Zucchini
- 1 mittelgroße Möhre
- 1 kleine rote Paprika
- 1 mittelgroße Zwiebel
- 1 Knoblauchzehe
- 2 Eier
- 1 TL mittelscharfer Senf
- 50 g Bergkäse, gerieben
- 3 EL Petersilie, fein gehackt
- 3 EL Semmelbrösel
- Salz
- schwarzer Pfeffer
- Öl zum Anbraten

1. Den Bulgur nach Packungsanweisung in der Gemüsebrühe aufkochen und quellen lassen.
2. Die Zucchini und Möhre waschen, putzen und auf der Gemüsereibe fein reiben. Paprika waschen, putzen und in kleine Würfel schneiden. Zwiebel und Knoblauch schälen und fein hacken.
3. Den gegarten Bulgur in eine Schüssel füllen, etwas abkühlen lassen und anschließend mit dem Gemüse, der Zwiebel, dem Knoblauch und den Eiern vermischen. Dann Senf, Käse und Petersilie zugeben. Semmelbrösel hinzufügen, sodass die Masse eine gut formbare Konsistenz annimmt. Mit Salz und Pfeffer würzen.
4. Aus dem Teig mit angefeuchteten Händen kleine Gemüsepflanzerl formen und diese in einer beschichteten Pfanne in etwas Öl von beiden Seiten scharf anbraten, bis die Bratlinge eine goldbraune Farbe annehmen.
5. Die Gemüsepflanzerl warm servieren. Dazu passt ein Salat und Joghurtdip.

Mein Tipp:

Die Gemüsepflanzerl auf Bulgurbasis sind sehr wandlungsfähig. Das Gemüse kann beliebig ausgetauscht werden, und wer Lust hat, fügt gerne noch Oliven, Feta und seine Lieblingskräuter hinzu.

Kohlrabischnitzel mit Kartoffelbrei

Wer sich fleischlos ernährt, muss auch in der bayerischen Küche nicht auf ein gutes Schnitzel verzichten. Dieses Kohlrabischnitzel schmeckt dank einer Geheimzutat in der Panade so richtig lecker und herzhaft.

Zubereitungszeit: ca. 1 Stunde

Für 4 Personen

Kartoffelbrei:

- 1 kg mehligkochende Kartoffeln
- Salz
- 250 ml Milch
- 50 g Butter
- Muskatnuss, gerieben

Kohlrabischnitzel:

- 2 Kohlrabi (je ca. 400 g)
- Salz
- 1 kleine Handvoll gute Kartoffelchips
- 4 EL Semmelbrösel
- 2 Eier
- 4 EL Mehl
- 4 EL Öl

1. Kartoffeln waschen, schälen, in grobe Stücke schneiden und in wenig Salzwasser etwa 20 Minuten weich kochen.
2. Währenddessen die Milch erwärmen.
3. Sobald die Kartoffeln gegart sind, das Wasser abgießen und sofort die warme Milch sowie die Butter in Flöckchen zugeben. Mit einem Kartoffelstampfer zu einem glatten Kartoffelbrei verarbeiten. Mit Salz und etwas Muskat abschmecken. Warm halten.
4. Einen zweiten Topf mit wenig Salzwasser zum Kochen bringen.
5. Kohlrabi schälen, in 1 cm dicke Scheiben schneiden und in dem kochenden Salzwasser etwa 3 Minuten blanchieren. Kohlrabischeiben herausnehmen und auf Küchenpapier abtropfen lassen.
6. Die Kartoffelchips in einen Gefrierbeutel geben und mit einem Nudelholz solange darüber rollen, bis diese zu sehr feinen Bröseln gemahlen sind. Die zerkleinerten Kartoffelchips mit den Semmelbröseln vermischen und auf einen tiefen Teller geben.
7. Die Eier in einen zweiten Suppenteller geben und gut verquirlen. Auf einen weiteren Teller das Mehl geben – fertig ist die Panierstation.
8. Die blanchierten Kohlrabischeiben nun zuerst im Mehl, dann in der Ei-Mischung und zum Schluss in der Semmelbrösel-Kartoffelchips-Mischung wenden und die Panade gut andrücken.
9. Die Kohlrabischnitzel in einer beschichteten Pfanne in etwas heißem Öl von beiden Seiten goldbraun anbraten, dann mit Kartoffelbrei und Salat servieren.

stainless

Knödelauflauf mit Ofen-Ratatouille

Wenn französisches Ratatouille mit bayerischen Semmelknödeln Hochzeit feiert, schmeckt das unglaublich lecker und sieht auch noch hinreißend aus. Weil das Gemüse im Backofen zubereitet wird, ist das Gericht zudem sehr unkompliziert zu kochen.

Zubereitungszeit: ca. 1 ¼ Stunden

Für 4 Personen

- 1 rote Paprika
- 1 gelbe Paprika
- 2 Zucchini (ca. 300 g)
- 1 Aubergine (ca. 300 g)
- 1 Zwiebel
- 1 Knoblauchzehe
- 3 EL Olivenöl
- 1 Dose stückige Tomaten (400 g)
- 100 ml Gemüsebrühe
- 1 EL frischer Thymian
- Salz
- schwarzer Pfeffer
- 8–10 Semmelknödel (siehe Rezept Seite 77)
- 2 EL Petersilie, gehackt
- 100 g Feta-Käse

1. Den Backofen auf 180 °C (Ober-/Unterhitze) vorheizen.
2. Paprikaschoten, Zucchini und Aubergine waschen und in etwa 1–1,5 cm große Würfel schneiden. Zwiebel und Knoblauch schälen und fein hacken.
3. Das klein geschnittene Gemüse in eine große Auflaufform füllen. Das Öl darüberträufeln und alles gut miteinander vermengen.
4. Anschließend die Tomaten, die Gemüsebrühe sowie den frischen Thymian hinzufügen. Mit Salz und Pfeffer würzen und gut vermischen.
5. Das Ratatouille im vorgeheizten Backofen etwa 1 Stunde schmoren.
6. Währenddessen die Semmelknödel in der gehackten Petersilie wälzen, bis sie gleichmäßig mit den Kräutern bedeckt sind. Den Feta-Käse in Würfel schneiden.
7. Ungefähr 10 Minuten vor Garzeitende des Ratatouilles die Knödel auf das Gemüse setzen und mit dem Feta-Käse bestreuen. Etwa 10 Minuten fertig backen, bis die Knödel und der Käse eine leicht goldene Farbe bekommen. Sofort servieren.

Käse-Kräuter-Spätzle

Spätzle stammen ursprünglich aus der schwäbischen Küche und erfreuen sich schon seit Hunderten von Jahren großer Beliebtheit. Meine Version der Allgäuer Käsespätzle hat aufgrund der frischen Kräuter ein feines Aroma und ist bei Groß und Klein beliebt.

Zubereitungszeit: ca. 45 Minuten

Für 4 Personen

- 400 g Mehl
- 4 Eier
- 1 TL Salz
- 200 ml Mineralwasser
- 5 EL frische, gemischte Kräuter (z. B. Schnittlauch, Petersilie, Basilikum, Oregano)
- 250 g Berg- und/oder Emmentalerkäse, gerieben
- Röstzwiebeln
- Petersilie, gehackt

1. Mehl, Eier, Salz und Mineralwasser zu einem zähflüssigen Teig verarbeiten. Den Teig 15 Minuten ruhen lassen.
2. Die Kräuter waschen, trocken schütteln und sehr fein hacken.
3. Einen großen Topf mit Salzwasser zum Kochen bringen.
4. Die Kräuter unter den Spätzleteig rühren und gut miteinander vermischen.
5. Den Backofen auf 160 °C (Ober-/Unterhitze) vorheizen.
6. Sobald das Salzwasser kocht, den Spätzleteig mit Hilfe eines Spätzlehobels oder -schabers portionsweise in das Salzwasser fallen lassen. Die Spätzle sind fertig, sobald sie an der Wasseroberfläche schwimmen. Dann mit einem Schaumlöffel aus dem Wasser holen, abtropfen lassen und in eine Schüssel geben.
7. Eine ofenfeste Form buttern und die Kräuterspätzle abwechselnd mit dem geriebenen Käse in mehreren Lagen einschichten. Mit einer Schicht Käse abschließen und im vorgeheizten Ofen etwa 5–10 Minuten goldgelb backen.
8. Spätzle mit Röstzwiebeln und frisch gehackter Petersilie bestreut servieren.

Mein Tipp:

Wer keine frischen Kräuter zur Hand hat, kann diese problemlos durch tiefgekühlte Kräuter ersetzen.

Gefüllter Ofenkürbis

Heute ist es kaum vorstellbar, dass Kürbis früher als Arme-Leute-Essen galt und oft sogar nur als Viehfutter verwendet wurde. Glücklicherweise ist das Herbstgemüse mittlerweile nicht mehr aus der Küche wegzudenken, und so kommt es bei uns neben feiner Suppe auch mal gefüllt auf den Tisch.

Zubereitungszeit: ca. 1 ¼ Stunden

Für 4 Personen

- 2 Butternut-Kürbisse
- 6 EL Olivenöl
- 2 Zucchini
- je 1 rote und gelbe Paprika
- 1 rote Zwiebel
- 2 Knoblauchzehen
- Salz
- Pfeffer
- 200 g Feta-Käse, in Würfel geschnitten
- 200 g Vollmilchjoghurt (3,8 % Fett)
- 200 g Rahmjoghurt (10 % Fett)
- 1 EL Zitronensaft
- Kräutersalz
- Petersilie, gehackt

1. Den Backofen auf 200 °C (Ober-/Unterhitze) vorheizen.
2. Die Kürbisse waschen, halbieren und mit einem Löffel das faserige Fruchtfleisch sowie die Kerne entfernen.
3. Das Innere der Kürbisse mit einem scharfen Messer diagonal einritzen, so dass sich ein rautenförmiges Muster ergibt. Dabei nicht zu tief einschneiden, die Kürbisschale sollte nicht verletzt werden.
4. Das eingeschnittene Kürbisfleisch mit 4 EL Olivenöl einpinseln und die Kürbisse im vorgeheizten Backofen etwa 30 Minuten backen.
5. Restliches Gemüse waschen, putzen und klein schneiden. Die Zwiebel und 1 Knoblauchzehe schälen und würfeln. Mit dem Gemüse und 2 EL Olivenöl vermischen und mit Salz und Pfeffer würzen.
6. Wenn die Kürbisse gebacken sind, diese mit dem klein geschnittenen Gemüse füllen und weitere 30 Minuten backen. 10 Minuten vor Ende der Backzeit mit den Feta-Würfeln bestreuen und zu Ende backen.
7. 1 Knoblauchzehe pressen. Beide Joghurtsorten mit dem gepressten Knoblauch, Zitronensaft, Kräutersalz und Pfeffer verrühren.
8. Die fertig gebackenen Kürbisse mit frisch gehackter Petersilie bestreuen und mit der Joghurtsoße servieren.

Gebackener Kohl mit Parmesankruste

Auf den ersten Blick findet man Kohl in der weiß-blauen Küche meist als original bayerisches Weißkraut wieder. Dass sich Weiß- und Rotkohl aber noch auf viele andere Arten zubereiten lassen, beweist dieses einfache Rezept.

Zubereitungszeit: ca. 40 Minuten

Für 4 Personen

- 1 kleiner Rotkohl
- 1 kleiner Weißkohl
- 3 Knoblauchzehen
- 8 EL Olivenöl
- Salz
- schwarzer Pfeffer
- 80 g Parmesan, gerieben
- Petersilie, gehackt

1. Den Backofen auf 175 °C (Ober-/Unterhitze) vorheizen.
2. Beide Kohlköpfe waschen und putzen. Erst halbieren, dann vierteln und den Strunk aus der Mitte schneiden, aber nur soweit, dass die Spalten nicht auseinanderfallen.
3. Den Kohl nun in kleinere Spalten schneiden und diese abwechselnd und leicht überlappend in eine Auflaufform legen. Knoblauch schälen und halbieren. Den Kohl mit Olivenöl beträufeln und die Knoblauchzehen in den Lücken verteilen. Mit Salz und Pfeffer würzen.
4. Den Kohl im vorgeheizten Backofen ungefähr 30 Minuten backen, bis er eine schöne geröstete Farbe annimmt. Nach etwa 15 Minuten Backzeit den geriebenen Parmesan darüberstreuen und fertig backen.
5. Mit etwas gehackter Petersilie bestreuen und mit knusprigem Weißbrot servieren.

Mein Tipp:

Für einen kleinen Frischekick sorgt ein Spritzer Zitronensaft, der kurz vor dem Servieren über den gebackenen Kohl geträufelt wird. Wer zudem noch etwas mehr Biss und Aroma wünscht, streut einfach ein paar geröstete Pinien-, Kürbiskerne oder Nüsse über das Röstgemüse.

Kartoffelnudeln mit Steinpilzen

Bei diesem Gericht läuft einem schon allein beim Gedanken daran das Wasser im Mund zusammen: in Butter angebratene Kartoffelnudeln mit frischen, aromatischen Steinpilzen. Mehr braucht es nicht zum Glücklichsein, oder?

Zubereitungszeit: ca. 1 Stunde

Für 4 Personen

- 1 kg gegarte mehligkochende Kartoffeln (am besten vom Vortag)
- 150 g Mehl
- 1 Ei
- 1 TL Salz
- 500 g Steinpilze
- 5 EL Butter
- 1 kleine Schalotte
- Salz
- schwarzer Pfeffer
- 2 EL Petersilie, gehackt

1. Gekochte Kartoffeln pellen und durch eine Kartoffelpresse drücken. Mit Mehl, Ei und Salz zu einem Teig verkneten. Sollte der Teig noch zu weich sein, ein klein wenig Mehl zusätzlich hinzufügen.
2. Den Teig mit bemehlten Händen zu einer langen Rolle rollen und in 10 Stücke teilen. Jedes Stück erneut zu einer 1–1,5 cm dicken Rolle formen und diese in etwa 4–5 cm lange Kartoffelnudeln schneiden. Die Teigwaren mit leichtem Fingerdruck so formen, dass sie an den Enden jeweils spitz zulaufen.
3. Die Kartoffelnudeln in siedendem Salzwasser ungefähr 10 Minuten gar ziehen lassen. Mit einem Schaumlöffel herausholen und auf einen Teller geben. Bis zur Weiterverarbeitung beiseitestellen.
4. Die Pilze mit Küchenpapier säubern und in Hälften, Viertel oder Scheiben schneiden.
5. 3 EL Butter erhitzen. Die Schalotte schälen, fein hacken und in der Butter andünsten. Die Pilze hinzugeben und etwa 3–5 Minuten leicht anbräunen. Mit Salz und Pfeffer würzen, Petersilie unterheben und beiseitestellen.
6. Die restlichen 2 EL Butter in einer Pfanne erhitzen. Die Kartoffelnudeln kurz anbraten, bis sie eine leicht goldene Farbe annehmen. Nun die Pilze für etwa 1 Minute hinzugeben, kurz mit anbraten, evtl. nochmals nachwürzen und sofort servieren.

Mein Tipp:

Alternativ kann ein Teil der Steinpilze durch andere Pilzarten, wie z. B. Champignons oder Pfifferlinge bzw. getrocknete Steinpilze ersetzt werden.

Mangoldstrudel mit Maroni

Was früher oft eine leider recht langweilige fleischlose Alternative für Vegetarier war, erlebt heute ein kleines Revival: der Gemüsestrudel. Mein Rezept mit Mangold, Maroni und Schafskäse schmeckt außergewöhnlich und verlockend herzhaft.

Zubereitungszeit: ca. 1 Stunde

Für 4 Personen

- 1 Mangold (ca. 400 g)
- 1 rote Zwiebel
- 2 EL Butter
- 1 Ei
- Salz
- Pfeffer
- Muskatnuss, frisch gerieben
- 100 g vorgegarte Maroni
- 1 Fertig-Blätterteig
- 2 EL zerlassene Butter
- 200 g Feta-Käse, gewürfelt
- Milch zum Bestreichen

1. Den Backofen auf 200 °C (Ober-/Unterhitze) vorheizen.
2. Das Strunkende vom Mangold abschneiden. Die einzelnen Blätter waschen, dabei welke Stellen entfernen. Mangold leicht trocken schütteln und in Streifen schneiden.
3. Zwiebel schälen und fein hacken. Butter in einer Pfanne erhitzen und die Zwiebelwürfel darin kurz anschwitzen. Den Mangold hinzufügen und ungefähr 3–5 Minuten andünsten, bis er langsam zerfällt.
4. Die Mangold-Zwiebel-Mischung leicht abkühlen lassen und in eine Schüssel geben. Das Ei untermischen und das Gemüse mit Salz, Pfeffer und etwas Muskat würzen.
5. Maroni klein hacken und zugeben. Vorsichtig unterheben.
6. Den Blätterteig ausrollen und mit der zerlassenen Butter bestreichen. Das Gemüse in der Mitte des Blätterteigs verteilen. Die Feta-Würfel auf die Gemüsemischung geben und alles zu einem Strudel rollen. Dabei die Enden gut mit einer Gabel zusammendrücken.
7. Den Strudel auf ein mit Backpapier belegtes Blech legen, mit etwas Milch bestreichen und im vorgeheizten Backofen etwa 30 Minuten goldgelb backen.

Süße Mehlspeisen, Desserts & mehr

Rohrnudeln, Apfelstrudel und Kaiserschmarrn dürfen als süßer Abschluss in der bayerischen Küche nicht fehlen, schließlich ist sie eng mit der österreichischen und böhmischen Küche verwandt. Und auch feine Desserts wie Bayerisch Creme, Bienenstich im Glas oder die selbstgemachte Flieder-limo lassen jedes bajuwarische Herz ein klein wenig höher schlagen.

style
QUALITY
EST 1899

Frühstücksgugelhupf

Dieser Gugelhupf könnte nicht einfacher sein und schmeckt dank des Orangensafts im Kuchenteig herrlich frisch und fruchtig. Wer den Tag also hin und wieder mit einem Stückchen saftigen und nicht allzu süßen Kuchen beginnen möchte, muss diesen Frühstücksgugelhupf unbedingt probieren. Ansonsten schmeckt der Kuchen natürlich auch zu jeder anderen Tageszeit ganz vorzüglich.

Zubereitungszeit: ca. 1 Stunde

Für ca. 8–12 Stücke

- 200 g Zucker
- 1 Päckchen Vanillezucker
- 5 Eier
- 125 ml mildes Rapsöl
- 125 ml frisch gepresster Orangensaft
- 300 g Mehl
- ½ Päckchen Backpulver
- Butter und Mehl für die Form
- 100 g Puderzucker
- 2–3 EL Eiweiß
- Zesten von 1–2 Bio-Orangen

1. Den Backofen auf 160 °C (Ober-/Unterhitze) vorheizen.
2. Zucker, Vanillezucker und Eier mit einem Handrührgerät schaumig schlagen.
3. Öl, Orangensaft, Mehl und Backpulver unterheben und die Masse zu einem glatten Teig verarbeiten.
4. Eine Gugelhupf-Backform mit etwas Butter einfetten und leicht bemehlen. Den Teig in die Form füllen und im vorgeheizten Backofen etwa 50–60 Minuten backen. Nach 50 Minuten mit einem Holzstäbchen eine Garprobe machen. Falls nötig, den Kuchen eventuell noch ein paar Minuten weiterbacken.
5. Den fertigen Gugelhupf in der Form auf einem Kuchengitter etwa 30 Minuten leicht abkühlen lassen. Dann vorsichtig stürzen und auf einem Kuchengitter vollständig erkalten lassen.
6. Den Puderzucker und 2–3 EL leicht verquirltes Eiweiß zu einem Zuckerguss verrühren und den Kuchen damit überziehen. Sofort mit den Orangenzesten bestreuen.

Mein Tipp:

Besonders hübsch sieht der Kuchen übrigens aus, wenn man ihn mit ein paar essbaren Blumen, wie z. B. Stiefmütterchen, Veilchen oder Löwenzahnblüten dekoriert.

Rohrnudeln mit Aprikosenmarmelade

Diese feine Mehlspeise, auch vielerorts als Buchteln bekannt, stammt eigentlich aus der böhmischen Küche und fand über die Jahre auch ihren Weg nach Bayern, wo man Rohrnudeln mit Vanillesoße häufig am Freitag als fleischloses Mittagessen serviert. Ich liebe das warme Hefegebäck mit Aprikosenmarmelade gefüllt zum Nachmittagskaffee, auch wenn seine Zubereitung ein klein wenig Zeit und Geduld erfordert.

Zubereitungszeit: ca. 1 Stunde
+ knappe 2 Stunden Zeit zum Gehen

Für ca. 14 Rohrnudeln

- 500 g Mehl
- 175 ml Milch
- 80 g Zucker
- 1 Würfel frische Hefe
- 125 g weiche Butter
- 1 Ei
- 2 Eigelbe
- 1 Prise Salz
- abgeriebene Schale von ½ Bio-Zitrone
- etwa 14 TL Aprikosenmarmelade
- Butter und Mehl für die Form
- Puderzucker zum Bestäuben

1. Das Mehl in eine Schüssel geben und in der Mitte eine Mulde formen.
2. Milch mit 1 TL Zucker lauwarm erwärmen und die Hefe darin auflösen. Die Milchmischung in die Mehlmulde gießen und mit etwas Mehl vom Rand bestäuben. An einem warmen Ort abgedeckt etwa 30 Minuten ruhen lassen.
3. Anschließend 75 g weiche Butter, den restlichen Zucker, das Ei und die 2 Eigelbe, das Salz sowie den Zitronenabrieb hinzufügen und mit der Küchenmaschine oder den Händen zu einem glatten Teig verkneten. Den Teig abgedeckt an einem warmen Ort 45 Minuten gehen lassen.
4. Den Teig auf der bemehlten Arbeitsfläche kurz durchkneten, halbieren und jeweils zu einer Rolle formen. Jede Rolle in 7 gleich große Stücke schneiden und diese mit bemehlten Händen zu kleinen Kugeln rollen. In jede Kugel eine Mulde drücken, diese mit jeweils 1 TL Aprikosenmarmelade füllen, die Kugeln zusammendrücken und verschließen. Die Rohrnudeln mit der verschlossenen Seite nach unten in eine große, leicht gebutterte und bemehlte Auflaufform setzen. Dabei kleine Abstände lassen. Die Rohrnudeln weitere 30 Minuten abgedeckt ruhen lassen.
5. Den Backofen auf 180 °C (Ober-/Unterhitze) vorheizen.
6. Die restlichen 50 g Butter zerlassen, die Rohrnudeln damit bestreichen und etwa 25–30 Minuten im vorgeheizten Backofen backen.
7. Anschließend kurz abkühlen lassen, mit Puderzucker bestäuben und pur oder mit Vanillesoße servieren.

Apfelschmarrn mit Nüssen

Apfelschmarrn schmeckt für mich nach Schnee, nach Winter in den Bergen und nach ganz viel Kindheit. Ich kenne keinen einzigen Menschen, der Kaiserschmarrn nicht mag, und dieses Rezept mit fruchtigen Äpfeln und knackigen Nüssen mag ich persönlich ganz besonders.

Zubereitungszeit: ca. 45 Minuten

Für ca. 4 Personen

- 2 säuerliche Äpfel
- 3 EL Butter
- 1–2 EL Zimt-Zucker
- 250 g Mehl
- 1 Päckchen Vanillezucker
- 1 Prise Salz
- 500 ml Milch
- 4 Eier
- 2 EL Zucker
- 50 g Nüsse (z. B. Walnüsse), grob gehackt
- Puderzucker zum Bestäuben

1. Den Backofen auf 100 °C Umluft vorheizen.
2. Äpfel waschen, schälen, vierteln, entkernen und in Spalten schneiden. Die Apfelstücke in 1 EL Butter andünsten, mit etwas Zimt-Zucker bestäuben und beiseitestellen.
3. Mehl, Vanillezucker, Salz und Milch langsam und möglichst klümpchenfrei miteinander verrühren.
4. Die Eier trennen und die Eigelbe nach und nach mit 2 EL Zucker einrühren. Die Eiweiße steif schlagen und vorsichtig unterheben. Eine beschichtete Pfanne erhitzen und die Nüsse darin ohne Fett rösten. Beiseitestellen.
5. 1 EL Butter in einer Pfanne zerlassen und die Hälfte des Teiges hineingeben. Bei mittlerer Hitze goldgelb ausbacken. Sobald er gestockt und von einer Seite gut angebraten ist, vierteln, wenden und fertig backen. Anschließend den Kaiserschmarrn in eine Auflaufform geben, mit einer Gabel in Stücke zupfen und im Backofen warm halten. Mit der zweiten Hälfte des Teiges ebenso verfahren.
6. Äpfel und Nüsse unter den Kaiserschmarrn heben und mit etwas Puderzucker bestäubt sofort servieren.

Scheiterhaufen

Die besonders bei Kindern beliebte Mehlspeise ist in Bayern auch als „Ofenschlupfer“ bekannt und eine gute Möglichkeit, altbackene Semmeln oder Hefezopf zu verwerten. Traditionell wird der Scheiterhaufen meist mit Äpfeln gebacken, ich habe ihn jedoch etwas umgewandelt und bereite ihn in den Sommermonaten gerne mit saftigen Pfirsichen oder Nektarinen zu.

Zubereitungszeit: ca. 1 Stunde

Für ca. 4 Personen

- 600 g Pfirsiche
- 400 g Hefezopf
- 500 ml Milch
- 4 Eier
- 80 g Zucker
- 1 Prise Salz
- 1 Päckchen Vanillezucker
- abgeriebene Schale von ½ Bio-Zitrone
- 3 EL Butter
- Zimt-Zucker
- 2 EL Mandelblättchen
- Puderzucker zum Bestäuben

1. Den Backofen auf 180 °C (Ober-/Unterhitze) vorheizen.
2. Pfirsiche waschen, halbieren, entsteinen und in Spalten schneiden. Den Hefezopf in Scheiben schneiden.
3. Milch, Eier, Zucker, Salz, Vanillezucker und Zitronenabrieb vermischen.
4. Die Hefezopfscheiben und Pfirsichspalten abwechselnd in einer mit 1 EL Butter gefetteten Auflaufform schichten und mit der Eiermilch begießen. Die restliche Butter in Flöckchen darüber verteilen, mit etwas Zimt-Zucker bestreuen und im vorgeheizten Backofen 40–50 Minuten goldgelb backen. Nach etwa 30 Minuten Backzeit die Mandelblättchen über den Scheiterhaufen streuen und zu Ende backen.
5. Nach der Backzeit etwas abkühlen lassen, dann mit Puderzucker bestäuben und mit Vanillesoße (siehe Tipp) servieren.

Mein Tipp:

Für eine schnelle Vanillesoße koche ich einfach 1 Päckchen Vanillepudding nach Packungsanleitung und rühre etwa 200 ml zusätzliche Milch oder Sahne unter den heißen Pudding.

Schneller Kirsch-Schmand-Kuchen

Wenn es einmal ganz schnell gehen muss, dann ist dieser schnelle Schmandkuchen mit Kirschen genau das Richtige. Weil bei der Zutatenliste ein paar kleine „Abkürzungen“ erlaubt sind, steht dieses einfache Gebäck schon in einer guten halben Stunde herrlich duftend auf dem Tisch.

Zubereitungszeit: ca. 35 Minuten

Für ca. 8–12 Stücke

- 1 Glas Sauerkirschen (600 g)
- 400 g Fertig-Hefeteig aus dem Kühlregal
- 200 g Schmand
- 25 g Zucker
- 1 Päckchen Vanillezucker
- 1 Eigelb
- 1 EL Speisestärke
- ½ TL abgeriebene Zitronenschale
- Puderzucker zum Bestäuben

1. Den Backofen auf 200 °C (Ober-/Unterhitze) vorheizen.
2. Die Sauerkirschen in ein Sieb gießen und langsam abtropfen lassen.
3. Den fertigen Hefeteig ausrollen und rechteckig oder rund auf ein mit Backpapier belegtes Blech legen. Den Rand mit den Fingern etwas dicker formen.
4. Für die Creme den Schmand, Zucker, Vanillezucker, Eigelb, Stärke und Zitronenabrieb vermischen und glatt rühren. Die Creme gleichmäßig auf dem Teig verteilen und dabei einen 1 cm breiten Rand freilassen.
5. Den Schmandkuchen mit den gut abgetropften Kirschen belegen und im unteren Ofendrittel etwa 20–25 Minuten goldgelb backen. Nach der Backzeit den Kuchen kurz abkühlen lassen, mit etwas Puderzucker bestäuben und lauwarm servieren.

Mein Tipp:

Wer keine Kirschen mag, kann diese durch anderes Obst ersetzen. Ideal sind beispielsweise frische Himbeeren, Heidelbeeren, Äpfel, Trauben, Stachelbeeren oder auch Dosen-Pfirsiche, -Aprikosen und -Birnen.

Zwetschgendatschi

Meiner Meinung nach schmeckt der Zwetschgendatschi nirgendwo besser als in seiner Heimatstadt Augsburg, nicht umsonst auch liebevoll „Datschiburg“ genannt. Bei meinem Rezept für den Zwetschgenkuchen habe ich mir ein paar Vereinfachungen erlaubt und so lässt sich der saftige Kuchen auch im manchmal hektischen Alltag ganz wunderbar einfach genießen.

Zubereitungszeit: ca. 1 ¼ Stunden

Für ca. 8–12 Stücke

Teig:

- 100 g Butter
- 100 g Zucker
- 2 Eier
- 1 Päckchen Vanillezucker
- 1 Prise Salz
- 170 g Mehl
- 1 TL Weinsteinbackpulver
- Butter und Mehl für die Form

Belag:

- 500 g nicht allzu reife Zwetschgen
- 1 EL Zimt-Zucker
- 1 EL Butter
- 2 EL Mandelblättchen

1. Den Backofen auf 180 °C (Ober-/Unterhitze) vorheizen.
2. Butter, Zucker, Eier, Vanillezucker, Salz, Mehl und Backpulver mit der Küchenmaschine oder dem Handmixer zu einem glatten Teig verrühren.
3. Eine runde Tarte- oder Kuchenbackform mit etwas Butter einfetten und anschließend mit Mehl bestäuben. Den Teig in die Form geben und mit einem Teigschaber vorsichtig glatt streichen.
4. Zwetschgen waschen, halbieren, entsteinen und anschließend vierteln.
5. Die Zwetschgen kreisförmig auf dem Teig verteilen und ganz leicht hineindrücken.
6. Den Datschi mit etwas Zimt-Zucker bestreuen, die Butter in Flöckchen darübergeben und im vorgeheizten Backofen etwa 45 Minuten goldbraun backen. Nach etwa 30 Minuten Backzeit die Mandelblättchen am äußeren Rand des Kuchens verteilen und den Datschi fertig backen.

Mein Tipp:

Der Kuchen schmeckt übrigens auch mit vielen anderen Obstsorten, wie Pfirsichen, Nektarinen, Aprikosen, saftigen Äpfeln oder Blaubeeren, wunderbar lecker.

Schneller Apfelstrudel

Diesen schnellen Apfelstrudel zu backen ist mir immer wieder eine riesengroße Freude, denn schon bei der Zubereitung erfüllt er das Haus mit diesem besonderen, glücklich machenden Duft von fruchtigen Äpfeln und buttrigem Blätterteig. Wenn der Strudel dann in den Ofen wandert, nehme ich gerne davor Platz und genieße allerschönstes Backofen-Kino.

Zubereitungszeit: ca. 50 Minuten

Für etwa 4–6 Personen

- 3–4 mittelgroße Äpfel
- Saft von ½ Zitrone
- 40 g Zucker
- 1 Päckchen Vanillezucker
- ½ TL Zimt
- 1 EL Stärke
- 1 kleine Handvoll Mandelblättchen
- 375 g Blätterteig (z. B. XXL-Blätterteig von Henglein)
- 1 Eigelb
- 2 EL Milch
- Puderzucker zum Bestäuben

1. Äpfel waschen, schälen, vierteln, entkernen und in dünne Scheiben schneiden oder hobeln. In eine Schüssel geben und sofort mit dem Zitronensaft beträufeln. Zucker, Vanillezucker, Zimt, Stärke und Mandeln dazugeben und vermengen. Beiseitestellen.
2. Den Backofen auf 200 °C (Ober-/Unterhitze) vorheizen.
3. Blätterteig auf einem mit Backpapier belegten Backblech ausrollen. Mit dem Messerrücken sanft in Drittel teilen ohne dabei den Teig durchzuschneiden. Die beiden äußeren Partien mit einem scharfen Messer diagonal von oben nach unten in 2–3 cm breite Streifen schneiden.
4. Die Apfelmasse gleichmäßig auf dem mittleren Drittel des Blätterteigs verteilen. Das obere Ende des Mittelstücks etwas einschlagen, damit der Strudel oben verschlossen ist. Anschließend die seitlichen Teigstreifen abwechselnd flechten. Am unteren Ende angekommen, das untere Blätterteigstück wieder leicht nach oben einschlagen und den Strudel mit den letzten beiden Flechtstreifen abschließen. Alles leicht andrücken und mit einer Mischung aus Eigelb und Milch bestreichen.
5. Den Apfelstrudel im vorgeheizten Backofen 25–30 Minuten backen.
6. Nach der Backzeit kurz abkühlen lassen, mit Puderzucker bestäuben und mit etwas Vanillesoße servieren.

Mein Tipp:

Auch hier empfehle ich eine schnelle Vanillesoße: 1 Päckchen Vanillepudding nach Packungsanleitung zubereiten und etwa 200 ml zusätzliche Milch oder Sahne unter den heißen Pudding rühren.

Ausgebackene Hollerküchle

Der Frühsommer duftet für mich nach Holunderblüten. Neben Unmengen von Sirup genießen wir diese auch gern als knusprige Hollerküchle.

Zubereitungszeit: ca. 20 Minuten + 30 Minuten Ruhezeit

Für 4 Personen

- 8–10 Holunderblütendolden
- 150 g Mehl
- ½ TL Backpulver
- 2 EL Zucker
- 1 Prise Salz
- 250 ml Milch
- 1 Ei
- 200 ml Öl zum Ausbacken
- Puderzucker zum Bestäuben

1. Die Holunderblütendolden vorsichtig ausschütteln und von Ungeziefer und vertrockneten Blüten befreien.
2. Aus Mehl, Backpulver, Zucker, Salz, Milch und dem Ei einen Teig rühren und diesen 30 Minuten quellen lassen.
3. 200 ml Öl in einem großen Topf erhitzen.
4. Die Blütendolden nacheinander in den Teig tauchen, darin schwenken, kurz abtropfen lassen und im heißen Öl etwa 2–3 Minuten ausbacken.
5. Die Hollerküchle auf etwas Küchenpapier abtropfen lassen und mit Puderzucker bestäubt servieren.

Mein Tipp:

Dazu passt ganz besonders gut eine Kugel Vanilleeis.

6½ lb

Apfelkücherl mit Zimtschmand

Apfelkücherl sind ein klassisches Dessert in Bayern und werden auch gerne mit einem Schuss Bier im Teig zubereitet. Dies verleiht dem Dessert eine besondere Note, wenn auch das Gebräu nicht mehr als solches zu schmecken ist.

Zubereitungszeit: ca. 50 Minuten

Für 4 Personen

Apfelkücherl:

- 200 g Mehl
- 200 ml Milch
- 2 Eier
- 1 Päckchen Vanillezucker
- ½ TL Backpulver
- 1 Prise Salz
- 1 Schuss Weißbier
- 4 mittelgroße Äpfel
- Butterschmalz zum Ausbacken
- 3 EL Zimt-Zucker

Zimtschmand:

- 200 g Schmand
- 3–4 EL Milch
- 2 EL Zucker
- 1 gestrichener TL Zimt

1. Aus 150 g Mehl, Milch, Eiern, Vanillezucker, Backpulver, Salz und Weißbier einen Teig herstellen. Etwa 30 Minuten quellen lassen.
2. Schmand mit der Milch cremig rühren. Zucker und Zimt hinzufügen und verrühren.
3. Die Äpfel schälen und das Kerngehäuse mit einem Apfelausstecher entfernen. Die Äpfel in etwa 1 cm dicke Ringe schneiden.
4. 50 g Mehl in einen tiefen Teller geben. Die Apfelringe erst im Mehl und anschließend im Bierteig wenden. Dann im heißen Butterschmalz ungefähr 3–5 Minuten ausbacken. Dabei einmal wenden.
5. Die fertig gebackenen Apfelkücherl in Zimt-Zucker wenden und sofort mit einem Klecks Zimtschmand servieren.

Mein Tipp:

Anstatt mit Zimtschmand schmecken die Apfelkücherl auch mit einer Kugel Vanilleeis ganz hervorragend.

Bayerische Creme mit Erdbeer-Holunderblüten-Soße

Die Creme Bavaroise, wie sie auch genannt wird, ist ein typisches Dessert im weiß-blauen Freistaat und erfreut sich großer Beliebtheit. Die Dessertcreme lässt sich übrigens bis ins Jahr 1385 zurückverfolgen, angeblich wurde sie damals vom Herzog von Bayern-Ingolstadt erfunden. Und was so lange währt, muss auch richtig gut sein, nicht wahr?

Zubereitungszeit: ca. 30 Minuten + 3 Stunden Kühlzeit

Für 4 Personen

- 5 Blatt Gelatine
- 1 Vanilleschote
- 300 ml Milch
- 4 Eigelbe
- 100 g Zucker
- 300 g Sahne
- 250 g Erdbeeren
- 5 EL Holunderblütensirup

1. Blattgelatine nacheinander in kaltes Wasser legen.
2. Die Vanilleschote aufschneiden und das Vanillemark mit einem Messer herausschaben. Vanillemark und die Schote mit der Milch in einem Kochtopf erwärmen, jedoch nicht zum Kochen bringen.
3. Eigelbe und Zucker mit dem Handrührgerät oder mit der Küchenmaschine rühren, bis die Masse weiß und cremig ist und der Zucker sich vollständig aufgelöst hat.
4. Vanilleschote aus der Milch nehmen, die Milch langsam unter die Eimasse rühren und über dem heißen Wasserbad mit dem Handrührgerät auf niedrigster Stufe solange schlagen, bis eine dickflüssige Creme entsteht.
5. Die Gelatine ausdrücken und nach und nach unter Rühren in der Creme auflösen. (Die Creme wird durch das heiße Wasserbad dickflüssig und bleibt gleichzeitig warm, so dass sich die Gelatine in der Creme auflösen kann.) Beiseitestellen, abkühlen lassen und dabei gelegentlich umrühren.
6. Die Sahne steif schlagen. Sobald die Creme geliert, die steif geschlagene Sahne unterheben.
7. Die Creme in 4 mit kaltem Wasser ausgespülte Weckgläser oder Tassen füllen und im Kühlschrank ungefähr 3 Stunden fest werden lassen.
8. Kurz vor dem Servieren die Erdbeeren waschen, putzen und mit dem Holunderblütensirup fein pürieren. Die Erdbeer-Holunderblüten-Soße gleichmäßig auf der Bayerischen Creme verteilen und sofort servieren oder bis zum Verzehr kalt stellen.

Bienenstich im Glas

Hin und wieder liebe ich es, klassische Kuchen im Glas zu servieren. Das sieht hübsch aus, schmeckt mindestens genauso gut und lässt sich oft auch noch in der Hälfte der Zeit vorbereiten. Die Idee für diesen Bienenstich im Glas kam mir, als an einem Nachmittag akuter Kuchenhunger herrschte.

Zubereitungszeit: ca. 30 Minuten + 2 ½ Stunden Kühl- und Ziehzeit

Für 4 Personen

Creme:

- 1 Päckchen Vanillepudding
- 5 EL Zucker
- 500 ml Milch
- 150 g Sahnejoghurt
- 200 g Sahne
- 1 gebackener Biskuit-Tortenboden

Mandelkrokant:

- 3 EL Wasser
- 60 g Zucker
- 60 g Mandelblättchen

1. Vanillepudding mit dem Zucker nach Packungsanweisung zubereiten. Beiseitestellen und abkühlen lassen.
2. Sobald der Pudding erkaltet ist, den Joghurt unterrühren. Sahne mit einem Handrührgerät steif schlagen und ebenfalls unterheben.
3. Den Tortenboden mit den Händen zu groben Bröseln verarbeiten und einen Teil davon in 4 Trink- oder Weckgläser als Tortenboden geben. Nun die Bienenstichcreme auf die 4 Gläser verteilen. Kalt stellen.
4. Für den Mandelkrokant Wasser und Zucker in eine erhitzte, beschichtete Pfanne geben. Wenn sich die Masse leicht hellbraun färbt, die Mandelblättchen hinzugeben. Die Temperatur reduzieren, gut umrühren und die Mandeln auf ein Backpapier geben und erkalten lassen.
5. Vor dem Servieren jedes Kuchendessert im Glas mit etwas Mandelkrokant-Bruch garnieren.

Mein Tipp:

Übriggebliebene Biskuitreste können tiefgefroren und im nächsten Kuchendessert verarbeitet werden. Das Dessert schmeckt am allerbesten, wenn es Zeit hatte zu ziehen – mindestens 2 Stunden.

Zimtcreme mit Zwetschgenröster

Dass die bayerische Küche eng mit der österreichischen Küche verwandt ist, bemerkt man sehr deutlich an Rezepten wie diesem. Der Zwetschgenröster hat in beiden Länderküchen sein Zuhause. Im Zusammenspiel mit der Zimtcreme esse ich ihn am liebsten.

Zubereitungszeit: ca. 1 ¼ Stunden

Für 4 Personen

Zimtcreme:

200 ml Milch
200 g Sahne
1 Stange Zimt
3 Eigelbe
3 TL Speisestärke
70 g Zucker

Zwetschgenröster:

500 g Zwetschgen
50 g Zucker
1 Stange Zimt
Saft von 1 Orange

1. Milch und Sahne mit der Zimtstange aufkochen, vom Herd nehmen und 30 Minuten ziehen lassen. Dann die Zimtstange herausnehmen.
2. Eigelbe, Speisestärke und Zucker verrühren und in die abgekühlte Milchmischung rühren. Diese anschließend langsam unter ständigem Rühren aufkochen und solange köcheln lassen, bis die Creme andickt.
3. Die Zimtcreme in 4 Dessertgläser oder -schälchen füllen und abkühlen lassen.
4. Die Zwetschgen waschen und halbieren. Zwetschgen, Zucker, Zimtstange und Orangensaft solange kochen, bis sie eine sämige Konsistenz erreicht haben.
5. Zimtcreme mit einem Klecks Zwetschgenröster servieren.

Erdbeer-Holunderblüten Steckerl-Eis

Kein Sommer ohne Steckerl-Eis! Wie schön, dass sich die kalte Erfrischung ganz einfach, schnell und variantenreich zu Hause zubereiten lässt. Dieses frühsommerliche Erdbeer-Holunderblüten-Eis ist der Hit und bei Groß und Klein gleichermaßen beliebt.

Zubereitungszeit: ca. 10 Minuten + 3 Stunden Gefrierzeit

Für etwa 6 Steckerl-Eis

- 300 g Vollmilchjoghurt
- 2 EL Holunderblütensirup
- 250 g Erdbeeren
- 1 Spritzer Zitronensaft
- 2 EL Zucker

1. Joghurt mit dem Holunderblütensirup glatt rühren.
2. Die Erdbeeren waschen, putzen und in ein hohes Gefäß geben. Zitronensaft und Zucker hinzufügen und mit dem Pürierstab fein pürieren.
3. 6 Eisförmchen jeweils zu zwei Drittel mit dem Holunderblütenjoghurt füllen. Zum Schluss die pürierten Erdbeeren dazugeben, bis die Eisförmchen bis zum Rand mit der Masse gefüllt sind. Mit dem zugehörigen Deckel mit Stiel verschließen und im Gefrierfach mindestens 3 Stunden gefrieren lassen.

Mein Tipp:

Das Steckerl-Eis lässt sich in vielen Varianten zubereiten. Wer das Eis fruchtiger mag, lässt den Joghurt einfach weg und packt mehr Früchte hinein. Und wer es lieber etwas cremiger liebt, verwendet Sahnejoghurt oder griechischen Joghurt. Beim Kombinieren sind der Fantasie keine Grenzen gesetzt!

Glück
~im~
Glas
EST 1842
100% QUALITY
style
Quality
EST 1899

Selbstgemachte Fliederlimo

Wenn ich meine Kindheit in den Duft einer Pflanze packen dürfte, dann fiele meine Wahl eindeutig auf den Flieder. Um diesen betörenden Duft auch über den Blütemonat Mai hinaus ein wenig haltbar zu machen, bereite ich seit einiger Zeit jedes Jahr Fliedersirup zu, um möglichst lange diese köstlich erfrischende Fliederlimonade genießen zu können.

Zubereitungszeit: ca. 45 Minuten + 3 Tage Ziehzeit

Für ca. 1 Liter Sirup

Sirup:

Fliederblüten von etwa 8 Fliederdolden

1 Bio-Zitrone

1 l Wasser

600 g Zucker

2 Päckchen Zitronensäure (à 5 g)

Limonade:

1 l spritziges Mineralwasser

150 ml Fliedersirup

200 ml Rhabarbersaft oder Zitronenlimo

Eiswürfel

1. Für den Sirup die Fliederdolden von Ungeziefer und vertrockneten Stellen befreien (nicht waschen!). Die Blüten von den Dolden zupfen und in ein großes Gefäß mit Deckel geben.
2. Die Zitrone waschen, in Scheiben schneiden und hinzufügen.
3. Wasser und Zucker in einen Topf geben und unter Rühren aufkochen, bis sich der Zucker vollständig gelöst hat. Beiseitestellen, lauwarm abkühlen lassen und dann die Zitronensäure einrühren.
4. Die Zuckermischung nun über den Flieder gießen und den Sirupansatz an einem kühlen Ort abgedeckt etwa 3 Tage ziehen lassen.
5. Anschließend den Fliedersirup durch eine Kaffeefiltertüte und ein Sieb in saubere, sterile Flaschen füllen. Verschließen und an einem dunklen Ort aufbewahren.
6. Für die Fliederlimonade 1 l spritziges Mineralwasser mit 150 ml Fliedersirup und 200 ml Rhabarbersaft in eine Kanne oder Karaffe gießen und mit Eiswürfeln servieren.

Mein Tipp:

Bei dem Mischungsverhältnis für die Fliederlimonade darf ganz nach Geschmack und Vorliebe experimentiert werden. Wer die Limo gerne süß mag, verwendet einfach mehr Sirup und Saft, wer das Getränk nur leicht süß bevorzugt, hält sich einfach etwas zurück.

Besonders hübsch lässt sich die Limonade übrigens mit Fliederblüten-Eiswürfeln servieren. Dafür ein paar Fliederblüten mit etwas Wasser in ein Eiswürfelfach geben, im Gefrierfach fest werden lassen und mit der Limo servieren.

Gebrannte Mandeln

Ein Tütchen gebrannte Mandeln gehören für mich zu jedem Oktoberfestbesuch dazu. Weil ich für gebrannte Mandeln aber nicht immer auf den Beginn der jährlichen Wiesnsaison warten kann, mache ich sie einfach selbst, wann immer ich Lust darauf habe.

Zubereitungszeit: ca. 30 Minuten

Für ca. 250 g gebrannte Mandeln

- 200 g Mandelkerne
- 100 g Zucker
- 80 ml Wasser
- ½ TL Zimt
- 2 Päckchen Vanillezucker

1. Mandeln in einer heißen, beschichteten Pfanne fettfrei anrösten. Auf einen Teller geben und beiseitestellen.
2. Zucker, Wasser und Zimt in die Pfanne geben, gut verrühren und die Masse ohne Rühren aufkochen. Ein Blech mit Backpapier belegen.
3. Die Mandeln hinzugeben und unter ständigem Rühren auf hoher Stufe weiterkochen, bis das Wasser verdunstet ist und sich der Zucker als helle, bröselige Schicht um die Mandeln gelegt hat.
4. Nun die Temperatur reduzieren, 2 Tütchen Vanillezucker hinzufügen und solange kräftig weiterrühren bis der Zucker schmilzt, karamellisiert und die Mandeln mit einer goldbraunen Schicht überzieht.
5. Die Pfanne schnell vom Herd nehmen und die heißen, klebrigen Mandeln zügig auf das Backpapier geben und sofort mit einem Holzlöffel trennen, damit sie nicht aneinanderkleben.
6. Abkühlen lassen und sofort essen oder in einem Weckglas aufbewahren.

Bratäpfel im Nussmantel

Bei uns vergeht keine Weihnachtszeit ohne herrlich duftende Bratäpfel. Über die Jahre habe ich schon viele Bratapfelrezepte ausprobiert, an diesem bin ich hängengeblieben, und seitdem kommen die gebackenen Äpfel bei uns nur noch im Nussmantel auf den Tisch.

Zubereitungszeit: ca. 1½ Stunden

Für 4 Personen

- 4 aromatische Äpfel
- Saft von 1 Zitrone
- 100 g brauner Zucker
- 80 g fein gemahlene Nüsse (z. B. Walnüsse, Haselnüsse oder Mandeln)
- ½ TL Zimt
- 100 g Butter
- 4 Zimtstangen
- 100 ml Apfelsaft

1. Den Backofen auf 180 °C (Ober-/Unterhitze) vorheizen.
2. Die Äpfel waschen, schälen, das Kerngehäuse ausstechen und die Äpfel sofort mit dem Zitronensaft einreiben.
3. Zucker, gemahlene Nüsse und Zimt in einer Schüssel mischen und beiseitestellen.
4. Butter in einem Topf schmelzen. Die Äpfel in die Butter tauchen, und jeden Apfel sorgfältig mit der zerlassenen Butter innen und außen einreiben.
5. Nun jeden Apfel einzeln in der Nussmischung wälzen und diese so andrücken, dass die Äpfel komplett damit bedeckt sind. Die Äpfel nebeneinander in eine Auflaufform setzen.
6. Die restliche Butter zu der verbleibenden Nussmischung geben, gut vermengen und die Äpfel mit der Mischung füllen. In die Mitte eines jeden Apfels eine Zimtstange stecken, 100 ml Apfelsaft vorsichtig in die Auflaufform gießen und die Bratäpfel im vorgeheizten Backofen etwa 1 Stunde lang backen.

Mein Tipp:

Die Bratäpfel schmecken am besten, wenn man sie sofort mit etwas cremigem Vanilleeis oder Vanillesoße serviert.

Über die Autorin

Es freut mich, dass Sie sich für dieses Buch entschieden haben.

Mit meinem Mann und unseren drei Töchtern lebe ich am wunderschönen bayerischen Ammersee. Meine besondere Gabe, mich in Nullkommanix wahlweise glücklich zu kochen, oder backen, brachte mich vor mehr als sechs Jahren auf die Idee, all dieses Glück mit möglichst vielen anderen Menschen zu teilen. Kurze Zeit später entstand mein Food- und Lifestyle-Blog www.emmabee.de. Mit dem Erfolg des Blogs und der Geburt von Töchterlein Nummer drei kam die Entscheidung, meinen eigentlichen Beruf als Pädagogin an den Nagel zu hängen und mein Hobby zu meiner neuen Berufung zu erklären. Eine wunderbare Entscheidung, denn bis heute zeige ich einer immer noch stetig wachsenden Leserschaft meine allerliebsten Glücksrezepte für köstliche Verwöhnküche, einfache DIYs, Geschichten aus dem Leben und von Unterwegs.

„Bayerisch vegetarisch" ist mein erstes Kochbuch, und die Arbeit an dem Buch hat mir sehr großen Spaß gemacht. Ich hoffe diese Freude und das hinein gesteckte Herzblut kommen auch ein klein wenig bei Ihnen an.

Danke

Zunächst richtet sich mein Dank an das gesamte Team des Ulmer-Verlags. Ein ganz besonderer Gruß geht an die Verlagslektorinnen Antje Munk und Lisa Seibel: Es war mir ein großes Vergnügen mit Ihnen zusammenarbeiten zu dürfen!

Vielen Dank an meine Eltern und Geschwister für die Unterstützung auf dem Weg zum fertigen Buch.

Zu guter Letzt danke ich meinem Mann dafür, dass er immer an mich glaubt, mich ständig dazu ermutigt meine Träume zu leben und es mir ermöglicht, diese auch in die Tat umzusetzen.

An meine Töchter Emma, Frieda und Heidi:
Dieses Buch ist für Euch. ♥

Rezepte schnell nachgeschlagen

ZUM WEITERLESEN

Karon, J.: **Schwäbisch vegetarisch – Über 50 gscheide Rezepte von Gaisburger Marsch bis Maultaschen.** Ulmer, 2016

Hofmann, M. · Lydtin, H.: **Bayerisches Kochbuch.** Birken-Verlag, 56. Auflage, 2007

Schuhbeck, A.: **Meine bayerische Kochschule.** ZS-Verlag, 2013

www.spezialitaetenland-bayern.de
Interessante Informationen zu bayerischen Spezialitäten: Besonderheiten, Anbau, Herstellung und Geschichte sowie Anekdoten, Rezeptvorschläge und Tipps.

www.oekoland-bayern.de/verbraucher/saisonkalender
Der Öko-Saisonkalender zeigt Ihnen auf einen Blick, welche Früchte, Salate und Gemüse die bayerischen Öko-Bauern gerade ernten. Damit bekommen Sie wunderbar frisches Obst und Gemüse und helfen gleichzeitig die Natur zu schonen.

BILDQUELLEN

Alle Fotos stammen von Birgit Fazis.
Das Porträtfoto der Autorin stammt von Stephanie Winkler.

Die Fotos auf den Umschlagklappen wurden im Biergarten des Gasthauses „Seehaus Schreyeg" in Inning am Ammersee und im Biergarten des Gasthofs „Der Obere Wirt" in Andechs-Frieding fotografiert.

IMPRESSUM

Bibliografische Information der Deutschen Nationalbibliothek
Die Deutsche Nationalbibliothek verzeichnet diese Publikation in der Deutschen Nationalbibliografie; detaillierte bibliografische Daten sind im Internet über http://dnb.d-nb.de abrufbar.

Wollgrasweg 41, 70599 Stuttgart (Hohenheim)
E-Mail: info@ulmer.de
Internet: www.ulmer-verlag.de
Lektorat: Anja Fleischhauer, Antje Munk, Lisa Seibel
Herstellung: Silke Reuter
Reproduktion: timeRay visualisierungen, Jettingen
Umschlagentwurf, Layout und Satz:
Antje Warnecke, nordendesign.de
Druck und Bindung: Westermann Druck, Zwickau
Printed in Germany

ISBN 978-3-8001-0295-2